Mi Lui

Para mi Alessia,
la hija que
Siempre soñé,
esperando que
este libro nos
una más
en amor y
armonía.
Te quiero mucho,
Ma ♥

ALESSIA
Mi hijo es una Mujer Trans
Autora: Cecilia Alegría
La Doctora Amor

ISBN-9781793142757

Primera edición: Enero 2019.
© Book Masters Corp
Homestead, FL

Arte Portada y Contraportada: Germán García/G2M
Fotografías: Archivos familiares de Cecilia Alegría

Asesoría Editorial: Massiel Alvarez /BMC
Diagramación: Germán García/ G2M

Alessia

CECILIA ALEGRÍA
LA DOCTORA AMOR

Alessia

MI HIJO ES UNA MUJER TRANS

CECILIA ALEGRÍA
LA DOCTORA AMOR

Alex y Rodi en casa de sus abuelos Injoque. Lima, Perú 1987

De izquierda a derecha, Guillermo, Rodrigo y Alejandro en el 2006

DEDICATORIA

A las madres que tienen hijos "diferentes" que no entienden por qué, ni saben qué hacer mientras los siguen amando...

AGRADECIMIENTOS

A Massiel Álvarez por creer en mí y asumir la edición de este libro con amor y el profesionalismo que la caracteriza y a Thais Navarrete por escribir el prólogo con brillantez y cariño.

PRÓLOGO

Alessia es una historia real basada en la búsqueda de conciliación entre las diferencias de criterio de una madre y su hijo. Ambos desnudan de manera reveladora y sentida sus perspectivas ideológicas: en lo social, en lo religioso y en temas como la identidad de género y sus roles, la orientación sexual y las dinámicas de las parejas.

Cecilia Alegría, La Doctora Amor, como suelen llamarla los medios, es una prestigiosa figura pública de gran reconocimiento internacional y una larga y exitosa trayectoria como escritora cristiana. Autora de nueve libros relacionados con la comunicación, las relaciones, el afecto y las parejas nos presenta esta autobiografía que está tejida a través de la recolección de cartas, entre ella y su hijo Alex, de correos electrónicos que revelan los desacuerdos entre una madre practicante, apegada a los designios de la fe cristiana, y su hijo Alex –ahora hija Alessia, quien se confiesa atea–, sobre un tema muy delicado como es el proceso de develar el conflicto sobre la identidad de género, que mantuvo encubierta durante 35 años. Cecilia ve cuestionados sus cimientos forjados desde la infancia por su madre y por su padre de crianza, pastor evangélico, que han sido hasta entonces la base fundamental de sus valores, principios y norte de vida, en su desempeño como ministra evangélica y como consejera bíblica matrimonial. Esta revelación la perturba y la incita a cuestionar sus paradigmas. Se inicia así un interesante intercambio de cartas, donde cada cual argumenta con sólidos planteamientos sus puntos de vista; lo que resulta es un material muy educativo, constructivo y enriquecedor. Cecilia, en pos del amor y de mantener ese vínculo afectivo tan importante con su hijo, pero en búsqueda de una respuesta apegada a su fe, va más allá de quedarse en el simple orden de las ideas y se replantea otra postura, dentro de su propia creencia, dándole una nueva óptica.

Si entendemos que el término «género» es un constructo creado por el hombre y que su concepto varía de acuerdo a las diversas culturas, –se nos presenta un abanico de posibilidades donde en un extremo estaría el género masculino y en el otro el femenino–, creo importante hacer referencia a las diferentes maneras de manifestarlo de ciertas comunidades.

La religión cristiana parte del principio de la existencia del género binario: masculino y femenino. El hinduismo considera a los *Hijra* como un tercer género y en la actualidad se ha legalizado su condición y les asigna en sus pasaportes la letra «*E*» que se refiere a «Eunuco». Para los hinduistas tener un hijo transgénero es una bendición pues adoran a Krishna, una deidad que posee ambos géneros. En Tailandia también consideran un tercer género, *Kathoey*; en Indonesia, *Waria*; en Hawai, *Mahu*; en Samoa, *Fa'fafine*; en Nueva Zelanda, *Whakawahine*, en Medio Oriente (Omán), *Xanith*; en Filipinas, *Bakla*. En Europa, en Nápoles, Italia, desde el año 1500 aceptan a los *Femminielli* quienes consideran a Mamma Schiavona como protectora de los transgéneros, y en los Balcanes, en las montañas de Albania reconocen a las «Vírgenes Juradas» llamadas *Burnesha*, que son mujeres que asumen la identidad de hombre y adquieren sus derechos para sustituir al líder de la familia por causa de muerte o para librarse de un compromiso matrimonial jurando celibato. También se encuentran expresiones de diversidad en América: las tribus zapotecas en el sur de México y en comunidades de Oaxaca y Juchitán entre México y Guatemala y son llamados *Muxe*. Existen otras sociedades que reconocen un cuarto género, ciento cuarenta tribus indoamericanas, entre ellas las navajos, reconocen la existencia de *Two Spirits*,

Winkte (tercer género), y *Hwame* (cuarto género). Los Bugis de Indonesia llegan a reconocer un quinto género: los *Calabai*, (tercer género), los *Calalai* (cuarto género) y los *Bissu* que son los chamanes y deciden no asumir ninguna identidad de género.

Este libro puede resultar de gran ayuda a todas aquellas familias y personas, cuyos hijos están viviendo este proceso y tienen diferencias conceptuales y religiosas en relación a la orientación sexual, la identidad de género y la dinámica entre las parejas.

Thais Navarrete
Psicóloga y terapeuta familiar
Autora de la novela sobre un caso
transgénero *"Floreciendo en la Sombra"*.

CUANDO TE ENTERAS DE LO QUE
NUNCA SOSPECHASTE

¿Han escuchado de alguien que tenga un hijo o hija transgénero? ¿Sí? Ahora resulta más común que hace dos décadas y mucho más que hace tres.... ¿Pero conocen alguien que tenga 2 hijas transgénero y una de ellas casada? ¿No? Eso resulta más difícil de creer, menos usual, sobre todo cuando la madre es una consejera bíblica matrimonial, defensora de lo que las Sagradas Escrituras dicen sobre sexo, género y relaciones de pareja.

Aquí estoy. Lista para desnudar mi alma y seguramente ser juzgada por más de uno. Pero me tiene sin cuidado. La felicidad y el bienestar de mis hijos es mucho más importante para mí y para gran parte de nuestra familia que se ha solidarizado con la experiencia "sui géneris" que estoy viviendo.

En este capítulo introductorio, me permito hablar de mis dos hijas transgénero con sus nombres anteriores y utilizando el pronombre "él" porque estas páginas dan cuenta de mi profunda consternación y confusión inicial, cuando para mí todavía eran hombres, o eso quería creer.

En muchas ocasiones me he preguntado si no será que Dios dispuso que mi esposo Jorge partiera a Su encuentro siendo todavía joven para que no tuviera que sufrir por lo que hoy yo estoy pasando: el aparente descalabro de nuestra familia. Él lo hubiera tomado de esa manera. Yo estoy tratando de procesarlo de forma diferente, por mi propio bien y el de mis hijos. Bajo los criterios actuales, Jorge -aunque cristiano comprometido con su fe- era "homofóbico" porque no veía con buenos ojos las uniones homosexuales ni lo que hacían en esa época los transexuales y travestis. A mí también me educaron creyendo que solamente hay dos sexos y dos géneros y que el género estaba determinado por los genitales con los que se nacía. La educación religiosa que tanto mi esposo como yo recibimos fue muy conservadora y catalogaba al homosexualismo como pecado, de acuerdo con lo que el apóstol Pablo sostiene en varios pasajes bíblicos.

Cuando nos convertimos juntos al cristianismo evangélico y a inicios de los años 90 nos bautizamos en Santiago de Chile, -ciudad en la que residíamos con nuestros 3 pequeños hijos en aquel entonces-, llegamos a entender bien que Dios aborrece el pecado y ama al pecador y nunca odiamos a quienes no eran heterosexuales, pero tampoco fuimos amigos de ellos. Manteníamos una distancia prudente.

Cuando alguien nos contaba el caso de alguna familia en que uno de los hijos o hijas había confesado su opción homo o bisexual, orábamos por ellos, para que el Señor permitiera que volvieran a caminar por la senda correcta. Mi esposo falleció en julio del 2003, a los 49 años, creyendo que tenía 3 hijos varones que le darían nietos. Nunca sospechó lo que 2 de sus 3 hijos vivían por dentro. Aunque tampoco habló con ellos de sexo, que yo sepa. Y yo cometí el error de dejar esa responsabilidad a su cargo.

Quizá el único momento en que mi amado Jorge pudo temer que algo raro estuviera ocurriendo fue el primero de enero del significativo año 2003 (año en el que fallecería 7 meses después), cuando Alejandro -quien en aquel entonces tenía 21- se atrevió a contarnos que le gustaba vestirse con ropa de mujer. Debo resaltar que mi esposo y yo reaccionamos de una manera encomiable en aquella oportunidad. Le dijimos que contaba con nuestro apoyo para intentar entender las causas de su problema y que lo pondríamos en manos de un amigo de nosotros, psicólogo de profesión, al que le teníamos mucha confianza.

Jorge y yo trabajamos duro por sacar adelante a nuestra familia en Chile y Perú y tal vez nuestro más grande error fue no haber estado más pendientes de lo que sucedía con Alex. Creímos que el psicólogo era la solución, pero nunca nos enteramos de cómo andaban las terapias porque ni nuestro amigo ni Alex nos contaban nada. Supusimos que era un problema pasajero. Yo me lo explicaba a mí misma con un posible *Complejo de Edipo*, ya que Alex y yo fuimos muy unidos desde que nació hasta que cumplió 4 años.

Durante los dos años que vivimos en Inglaterra, me dediqué por completo a su crianza, sin separarme de él. No podía trabajar en ese país, ya que Jorge estaba haciendo su PhD en Geología con una beca que había obtenido y esto me impedía conseguir empleo. Cuando regresamos a Perú, a fines del año 84, para que yo diera a luz a mi segundo hijo Rodrigo, Alex descubrió que tendría un hermanito con el que competir por mi atención y una numerosa familia extendida que también me alejaba de él. Desarrolló entonces una personalidad dominante, controladora y celosa que hizo de su hermanito la presa más fácil y constante. También se la desquitaba con su abuelo Julio, papá de Jorge, a quien por momentos rechazaba a patadas.

Alex creció maltratando a Rodrigo, a pesar de todos los esfuerzos que su padre y yo hicimos para evitarlo. Usamos tanto el método del premio como el del castigo para que el abuso terminara, pero en cuanto nos descuidábamos, Alex se volvía agresivo con su tierno y lloroncito hermano. Y lo peor es que hasta los amigos de Alex, 4 años mayores que Rodi, también abusaban psicológicamente de mi pequeñín, lo que hizo que su autoestima se viera sensiblemente perjudicada. Esto empeoró cuando nos mudamos a Chile y nació Guille, porque Rodi quedó como el "hijo del medio", con todas las desventajas que ello implica. Pero tanto Rodi como Alex aseguran que no fue abusado sexualmente. Los abusos eran en su mayoría de tipo verbal. Alexito y sus amigos le decían "nombres" y le daban órdenes.

Jorge y yo les dimos tanto pero tanto amor a los tres que nunca me echaré la culpa -ni tampoco se la echo a mi marido- de lo que hoy nos pasa como familia. Pero imagino que la sociedad acostumbra a echarle la culpa a los padres cuando uno o más hijos piensan y/o actúan de manera "disfuncional". Sólo en algunos contados momentos me he preguntado a mí misma qué hice para merecer esto. Pero tengo la conciencia tranquila. Jorge y yo fuimos buenos padres. Siempre deseosos de demostrarle a nuestros hijos lo muy importantes que eran para nosotros, dándoles amor, saliendo a pasear con ellos los domingos, viajando con ellos, resaltando su valía, alentándolos todo el tiempo.

Nuestros hijos fueron educados en la iglesia cristiana, orando al Niño Jesusito y al ángel de la guarda. Ya asentados en Chile, entre 1989 y 1995, nos vieron recibir en nuestra casa a mis alumnos de la Fundación Duoc y algunos vecinos para nuestras noches de oración y alabanza. Nos vieron tener Estudios Bíblicos con nuestro pastor, también en casa, y asistieron con nosotros a la iglesia los domingos. Eran niños buenos y queridos.

Por otra parte, Alex fue todo un líder desde muy pequeño. Recuerdo que cuando tenía sólo 2 años y ya caminaba muy bien, su papá y yo lo llevábamos a un gran parque de Nottingham, Inglaterra, conocido como los "Bosques de Sherwood" y él se nos escapaba corriendo, diciéndonos "*bye, bye*" con la manito como si no tuviera el menor miedo de alejarse de nosotros. Era a mí a quien le daba cierto temor verlo subirse a los altos toboganes de ese parque con la mayor de las solturas. Una vez que tuvo amiguitos, él siempre fue el líder de la banda. Los demás hacían lo que él decía y lo seguían a dónde él fuera. Dicho liderazgo continuó en el colegio y en sus años universitarios. Destacó además por un alto coeficiente intelectual que le permitía pasar los cursos sin tener que estudiar.

Rodrigo fue lo opuesto. Su padre y yo creíamos que se debía por ser el hijo intermedio, ya que Guillermo, el menor, nunca nos dio la menor preocupación ni disgusto. Pero a Rodi le tocó la triste experiencia de tener un hermano mayor celoso y dominante a su lado quien lo hacía sentir poca cosa. Mis declaraciones positivas no bastaron en el caso de mi amado Rodito. Derroché palabras de afirmación con los 3 desde bebitos y por igual. Les hacía preguntas risueñas todos los días, a cada rato, tales como: ¿Quién es el niño más guapo, inteligente, bueno y maravilloso del mundo? A lo que cada uno respondía: ¡Yo!... y luego completaba con otra pregunta tierna: ¿Y quiénes te aman más que a nada en el mundo? A lo que contestaban: ¡Mamá y papá!

Estoy segura. No les faltó amor. Ni dedicación, ni cuidados. No adolecieron de nada. Por el contrario. Vivieron una niñez segura y feliz. Por lo menos Guillermo así lo reconoce y me lo agradece cada Día de la Madre con bellas tarjetas que colecciono y atesoro.

Recuerdo que desde que Alex nació, inventé canciones especiales para él que luego heredaron sus hermanitos. Cuando nos mudamos a Nottingham mi creatividad creció considerablemente porque estábamos los dos juntos todo el día. Alex tenía una canción para el momento en que le cambiaba los pañales, otra para cuando le daba de comer, otra para cuando lo bañaba, otra para cuando esperábamos al ómnibus, otra para dormirse y así sucesivamente. Y en todas esas canciones se incluía su nombre (como más adelante los de sus hermanos).

Cuando llegaba su padre a casa después de un largo día en la universidad, lo llevaba cargado en sus hombros a ver los trenes que pasaban cerca de nuestra casita en *Toton*, un pueblito de *Nottingham* donde fuimos muy felices los 3 juntos. Y mientras su papá estudiaba su doctorado, yo hacía todas las tareas domésticas, inclusive cocinaba con Alex mirándolo todo desde su mochila en mi espalda, escuchándome conversar con él, (aunque al principio no me respondiera) y cantar a voz en cuello. Le leía sus cuentos preferidos. Jugábamos con los carritos que él mismo elegía cada vez que íbamos al supermercado. Le encantaba jugar con autos miniaturas, soldaditos y figuras de acción con los personajes masculinos de las tiras cómicas. Lo mismo sucedió más adelante con Rodrigo. Los juegos de mis 2 hijos fueron siempre muy masculinos y nunca pudimos sospechar, ni su padre ni yo, que no estuvieran satisfechos con el género que les había tocado de nacimiento.

Volviendo al problema de autoestima de Rodrigo, éste también puede ser explicado por la forma en que lo sobreprotegí por algún tiempo, como efecto del milagro de su "vuelta a la vida". A los 2 años, estando en casa de su abuelita Dora, casi se ahogó en la piscina que estaba protegida por cordones (tipo ring de box). Yo lo había dejado por unos minutos para subir al segundo piso a recoger algo. Rodi estaba en su coche y Alex parado a su lado. No tengo idea ni me explico cómo pasó por encima o por debajo de los cordones protectores, pero recuerdo los gritos de Alex y yo mirando a mi hijito, yaciendo en el fondo de la piscina, desde una ventana del segundo piso de la casa. Bajé como loca a rescatarlo. Calculo que debió estar como mínimo dos minutos debajo del agua. Tal vez más. Cuando lo saqué no supe aplicarle el CPR. Pero alguien que pasó por delante de la casa y escuchó los gritos entró a socorrerme porque la puerta delantera que daba al patio de la piscina estaba entreabierta.

Ese hombre, al que nadie antes había visto en el barrio y nadie volvería a ver, le dio el CPR, lo revivió y se fue. Justo entonces llegaba Jorge en el auto a recogernos (sin saber lo que estaba pasando) y lo llevamos a la clínica más cercana. El médico de turno le sacó el agua de los pulmones y nos dijo que se había salvado de milagro. Por todo el camino de ida a la emergencia hospitalaria oré a Dios con todas mis fuerzas clamando por la vida de mi hijo. Rodrigo se había salvado de milagro. Y como consecuencia de ello, lo sobreprotegí y volvió a usar pañales y chupón por un cierto tiempo.

Durante la etapa escolar, Rodi tuvo un mal rendimiento y necesitó de profesora particular para pasar de un año a otro. Parecía tímido y reservado. Su buen corazón y su inocencia fueron los atributos que ganaron a cuantos se acercaban a él con buenas intenciones. Y es algo que hasta el día de hoy atrae a familiares y amigos. Pero los que se han acercado a él con malas intenciones han sacado provecho de su excesiva bondad, generosidad y candidez. Es desprendido y dulce, siempre pensando en los demás antes que en sí mismo. Salió a su padre.

Fue mi segundo hijo el que me sorprendió primero, al poco tiempo del fallecimiento de su papá y ya mudados a Miami, Florida, dándome la para mí desconcertante noticia de que era *gay*. Creo que en algo contribuyeron el ambiente permisivo y liberal en que se desenvolvió en el *college* y los amigos de los que se rodeó desde que llegamos a USA. También creo que mi Rodi se debatió por mucho tiempo entre el homosexualismo y la heterosexualidad hasta que conoció a Rita, la novia italiana con la que se iba a casar. Recuerdo que un día me dijo orgulloso: "Ma, tenías razón, soy hombre y me gustan las mujeres". Pero ella le fue infiel...la encontró *infraganti* en su cama cuando regresó a la casa en medio de la jornada laboral sin que ella lo supiera. Esto le rompió el corazón. Y también se lo destrozaron los comentarios de Rita que lo calificaban de mal amante porque ella era una ninfómana a la que ningún hombre había logrado satisfacer hasta entonces.

Hacia el 2015, después de muchas lunas y de mucha introspección, Rodi decidió -por su cuenta- asistir a terapias grupales y llevar terapia individual y terminó descubriendo que era transgénero. Cuando me lo contó no se lo creí porque había cambiado muchas veces de definición en ese campo. Sin embargo, hasta la fecha mantiene la decisión adoptada y viene tomando estrógenos desde hace algún tiempo y experimentando cambios en su cuerpo que dice son de su agrado. Su problema es que no tiene dinero para hacerse la depilación permanente del vello y otros arreglos que le brindarían algo de la apariencia femenina que desea. La verdad es que luce muy masculino -aun tomando hormonas- y su timbre de voz no se ha alterado en lo más mínimo todavía. Mide 6 pies (1.80 cms.) pesa como unas 200 libras (91 kilos) y tiene una contextura gruesa, con huesos muy anchos que lo hacen parecer aún más fuerte y grande de lo que es.

El mayor baldazo de agua fría llegó a mi vida cuando a mediados del 2016 Alex comenzó a apoyar a su hermano abierta y tajantemente, tratando de convencerme, a través de sus emails, de no intentar ayudar a mi segundo hijo. En sus cartas me daba mil y una razones para aceptar que Rodi era Trans. Me pareció inusual que Alejandro ingresara a jugársela por un hermano del que nunca estuvo muy cerca emocionalmente, y comencé a sospechar.

Mis sospechas fueron confirmadas cuando el primero de enero del 2017 Alex nos escribió un largo email a sus hermanos y a mí para contarnos que había decidido salir del clóset para contarle al mundo que era transgénero... Después de más de 7 años de casado con una mujer maravillosa que contrajo matrimonio con él sabiendo solamente que él tenía cierta inclinación a usar ropa femenina (cosa que ella aceptó) y parecían una pareja muy feliz.

Cuando recibí la noticia entré a la FASE DE NEGACIÓN. No lo podía creer. Me parecía estar viviendo una pesadilla. Por un momento pensé en el escándalo que armaría la prensa cuando se enterara de que La Dra Amor -defensora del matrimonio entre un hombre y una mujer como institución sagrada creada por Dios- tenía no sólo uno sino dos hijos Trans. Pero la felicidad de mis hijos me importa y me importará más que el qué dirán.

Reconozco que cuando trabajaba en "Arrebatados" en América TeVé me pusieron a discutir contra los gays y lesbianas en el tema del matrimonio homosexual porque querían alguien que los atacara y me presté a ese papel. Hoy que sé lo que se siente vivir "desde adentro" las dificultades de una familia "disfuncional" ante los ojos de la sociedad, les pido disculpas. Nunca fue mi intención juzgar, mucho menos condenar.

Hoy, con el corazón en la mano, les pido a madres y padres que escuchen a sus hijos e hijas Trans, que no los rechacen, que no los boten de la casa, que no los expulsen de sus vidas. Ellos tienen derecho a ser quienes desean ser. Nadie los conoce mejor que lo que ellos se conocen a sí mismos. E inclusive si las decisiones que toman son las equivocadas, concedámosles el derecho a equivocarse. Es el mejor camino para crecer tanto emocional como espiritualmente. Los golpes enseñan y las caídas fortalecen el alma. El tortuoso camino de la búsqueda y consolidación de la propia identidad, con todos sus desvíos, es la mejor vía para superarse como seres humanos, más allá de la orientación sexual, más allá del género con el que la sociedad nos identifica.

Mis 3 hijos y yo, en el 2015

SER MUJER
Escribe Alessia Injoque

Ser mujer siempre es un desafío y cada historia merece ser escuchada, pero no puedo dejar de reconocer que mi historia es atípica. Las cosas a veces han sido duras, pero prefiero pensar que tengo suerte porque he recorrido caminos que normalmente requieren dos vidas para caminarse y aprender en el trayecto.

Hoy soy reconocida como mujer, pero no siempre fue así. A mis 35 años yo tenía todo lo que podría querer un hombre en mi posición: una carrera exitosa, bienestar económico, una esposa a la que amo y muchos amigos; pero ya no podía vivir negándome a mí misma y me decidí a arriesgarlo todo para poder darle vida a esa mujer que siempre llevé adentro y que se mantuvo oculta por miedo al rechazo.

No sé bien con qué sueñan las niñas mientras crecen ni qué objetivos se proponen en la vida, mientras crecía recuerdo que tenía una única meta y sueño: ser libre, ser yo misma y –sin saber todavía mi nombre– ser Alessia. Entre negación, miedo y reafirmación esa fue la lucha de mi vida, nunca pensé en qué haría cuando lo logre, sólo quería llegar a vivirlo y cuando llegó el día fue increíble, no pude soñar nada mejor.

¿Qué es lo que me define como mujer? Es difícil describirlo, imposible razonarlo, sólo puedo sentirlo y siento pertenencia, siendo mujer me siento en casa y soy feliz, cada vez que me veo al espejo me veo a mí, me puedo expresar con mayor libertad, confianza y quienes me ven lo sienten también.

Se discute mucho sobre los roles que juegan la naturaleza y la cultura en construir nuestras personalidades, formar nuestras identidades y forjar nuestros destinos; tengo que reconocer que la naturaleza juega un rol, por algo soy mujer a pesar de toda la presión social para que me identificara y viviera como hombre, pero sería imposible negar el enorme rol que juegan la sociedad y la cultura que me llevaron a vivir 35 años negando quien soy.

Y sumergidas en ella nos cuesta identificar el rol de la cultura, mientras crecemos asimilamos que la cultura "es", con tal fuerza que en ausencia de reflexión se siente como si fuera "natural" respecto a cualquier posición que la desafíe que sería "ideológica" y mezclamos la biología con la cultura en generalizaciones y estereotipos que castigan a quien desafíe los roles que define, como si la biología fuera la que pone esos límites y no la cultura.

Con lo que he vivido no podría identificarme más con la ola feminista, un movimiento que viene a decirnos que no nos debemos conformar con lo que nos manda esta cultura, sino que debemos cuestionarla y cambiarla; y mientras digo esto no sólo siento felicidad de ser mujer, también orgullo de sumarme a las que lucharon y luchan para cambiar la sociedad por una más justa, derribar barreras y que podamos ser la mejor versión de nosotras mismas.

¡Estamos en un gran momento!

ESPECIAL
ENERGÍAS LIMPIAS

BACHELET:
LA INTERMINABLE
BÚSQUEDA
DE LA ÉPICA

QP

Qué Pasa

2415

23, JULIO, 17
$ 3.300 RECARGO
POR FLETE $ 300
REGIONES I, II, XI, XII, XV

"El tópico "una mente femenina/masculina atrapada en un cuerpo de hombre/mujer" encapsula la noción médica de la identidad de género como algo que reside en el 'núcleo' interior de la persona, es decir, el género como una esencia 'verdadera' e inmutable que viene dada por la naturaleza, que reside 'dentro' del cerebro o la mente".

(Patricia Soley-Beltrán, Revista de Bioética y Derecho, #30, 2014)

EMAILS ENTRE UNA MADRE CRISTIANA
Y SU HIJA TRANSGÉNERO

Como les contaba, la primera vez que Alejandro y yo comenzamos a intercambiar emails sobre el tema de la identidad transgénero fue cuando su hermano Rodrigo, 3 años y medio menor que él, comenzó a cuestionar su identidad sexual, una vez más, porque ya lo había hecho un tiempo atrás anunciándome que era *gay*. Ahora Rodi me informaba que era transgénero.

Una de mis suposiciones iniciales fue que, dado que Alex empezó a luchar contra su tendencia a vestirse con ropa femenina desde pequeño (cosa de la que su padre y yo nos enteramos recién cuando tenía 21), mi hijo mayor influyó directa o indirectamente sobre el segundo, quien siempre lo secundó en todo lo que hacía.

Las muy pocas veces que recuerdo haber hablado con mi esposo Jorge sobre el gusto de Alex por vestirse con mi ropa, lo hicimos tal vez sin prestarle la importancia debida creyendo que se le iba a pasar porque lo hacía como jugando y sólo de tanto en tanto. Yo nunca encontré a Alexito "in fraganti", nunca lo vi ponerse uno de mis vestidos, tal vez por eso no reparé en la gravedad del asunto. Lo que sí recuerdo es que descubrí en una oportunidad que había tomado de mi cajón una bolsa de *pantyhose* nueva, pero creí que era para dársela a su novia de turno porque él fue bastante precoz en materia amorosa. En una oportunidad hasta lo encontré con una chica en la cama -en nuestra casa- cuando tendría unos 15 años. En esa ocasión su papá y yo le prohibimos repetir ese tipo de comportamiento, pero no pasó a mayores. En aquella época, si un adolescente tenía relaciones con chicas se suponía que era heterosexual y punto.

La primera vez que Jorge y yo tuvimos que encarar que el asunto requería nuestra atención fue cuando el 1 de enero del 2003, Alejandro nos pidió para conversar, -cosa rara-, y confesarnos que le gustaba vestirse con ropa de mujer. Ambos reaccionamos con mucha calma y madurez y le pedimos a un amigo psicólogo iniciar un tratamiento.

Mi esposo falleció en julio del 2003 creyendo que Alex ya había superado esa tendencia. Yo también lo pensaba, tanto así que mi hijo se casó por civil y por lo religioso, tiempo después, con una chica muy linda y buena, con la que supuse se le acabaría esa inclinación.

Luego me enteré de que Cossete había contraído matrimonio sabiendo que Alex luchaba contra el travestismo y se arriesgó a convivir con él aceptándolo tal y como era. Lo amaba de verdad y nos ha demostrado a todos, ahora que la condición transgénero de "Alessia" es pública, en qué consiste el verdadero amor porque, a pesar de todo, continúa a su lado (por lo menos mientras escribo estas páginas).

Como les decía, la primera vez que Alejandro y yo comenzamos a intercambiar emails, sobre el tema de la identidad transgénero, fue cuando su hermano Rodrigo me comunicó que era así cómo se definía. Por aquel entonces yo no tenía ni la más remota idea de que Alex también lo era.

Los emails que leerán a continuación les permitirán sopesar la determinación con la que Alex defendía y aún defiende su postura y podrán asimismo identificarse con – o por lo menos entender en parte- mis dudas, mi cosmovisión cristiana y mi sensibilidad de madre.

Alessia en Viña del Mar, Chile, cuando todavía era Alex

3 de junio de 2016

Ma,

La verdad no sé cómo dirigir esta conversación, asumo que va a ser en extremo complejo por tus creencias religiosas cuasi-inamovibles (espero no sean inamovibles), pero en pro de mejorar, o al menos intentar mejorar nuestra relación, creo que tengo que explicarte esto y trataré de explicarlo lo mejor posible.

Primero, considero sumamente importantes la ética y la moral, hasta el punto de que he reducido mi consumo de animales a casi nada, y obviamente baso ambas decisiones en visiones racionales de la vida en las que tomo como premisa de que una acción es moral cuando genera bienestar o reduce malestar en los afectados.

Tengo amigos en la comunidad GLBT, sabes que soy parte de esa comunidad hasta cierto alcance y me resulta casi un ataque directo tu posición inmoral respecto a este grupo, que es por lejos el más discriminado, con menos poder y sobre todo que no hay ninguna evidencia de que ninguna de las cosas que se discuten a favor de este grupo perjudiquen a los cristianos, más allá de que van a restringir su posibilidad de discriminarlos y denostarlos como acostumbraban.

En fin, el objetivo de este mail es pedirte que reanalices tu posición al respecto. Estás equivocada, probablemente perjudica tu carrera y seguro que perjudica nuestra relación (que ya es bastante distante), o al menos si vas a seguir manteniendo esta posición la mantengas de forma personal y no abiertamente en redes sociales, programas de TV y demás espacios públicos en los que participas.

Vale añadir, no es mi intención iniciar una pelea, sino todo lo contrario.

Quedo atento a tus comentarios.
Un abrazo,
Alex

El Jueves, 16 de junio, 2016 7:56:45,
Alejandro Injoque <alexinj@gmail.com> escribió:

Ma,

Has evadido esta conversación, lamentablemente en el transcurso de esto un islamista fanático salió a matar gays en Orlando y ya le dieron una palmadita en la espalda muchos fanáticos religiosos cristianos americanos. Al parecer el musulmán era gay y no es de extrañar que odiándose a sí mismo por ser gay, por como lo indoctrinaron en su religión, terminó masacrando un grupo de gays para morir en el camino. Dice la psicología que lo que uno odia de sí mismo le resulta insoportable en los demás.

El odio por los gays que tu religión pregona sólo lleva a esto, no llega al mismo nivel de violencia física que los musulmanes, pero ataca constantemente a los gays reforzando mentiras como que las relaciones gay son sólo lujuria y las hetero sólo amor o que son pedófilos o alguna otra cosa inventada sin ninguna evidencia objetiva que la respalde.

En fin... espero tus comentarios.

El 16 de junio de 2016, 9:34,
Cecilia Alegría <jinjoque2001@yahoo.com> escribió:

Mi hijito bello,

No he evadido la conversación. Sencillamente olvidé, al regresar a Miami, que tenía pendiente tu email. Como sabes, estuve en Lima visitando a tu abuelita Dora.

Acabo de hablar en una radio cristiana sobre el tema.

Los cristianos verdaderos NO odiamos a los gays desde ningún punto de vista. Si somos seguidores de Jesús los miramos con los ojos de compasión, piedad y misericordia con los que Jesús los miraría.

Me pronuncié en contra de lo que dijo un pastor venezolano sobre la matanza. Pobre hombre. ¡Dios lo perdone! No creo que otros pastores hayan dicho algo semejante. Por el contrario, la comunidad cristiana está muy dolida con la tragedia y está prestando ayuda a los familiares de las víctimas. El canal cristiano -que yo veo todo el día- emite en cada tanda un mensaje de solidaridad y condolencias de parte de un pastor diferente en cada oportunidad y ninguno ha dicho nada que indique rencor, odio o algo semejante. Por el contrario. Jesús amó a los pecadores. Vino al mundo para los pecadores. No para condenarlos, sino para salvarlos del pecado.

Te escribo más luego. Voy al gym.
¡Te quiero mucho!

Hola Ma,

Sólo algunas acotaciones, el término "cristianos verdaderos" es algo conocido como falacia del verdadero escocés, es como que te diga que los verdaderos ateos no somos comunistas, que esa es una religión de estado o cómo cuando los católicos dicen que los sacerdotes pedófilos no eran verdaderos católicos y presumen que con esa afirmación se limpia el nombre de su grupo religioso, institución y lo que representa.

Por otro lado, podrás defender que no odian a los gays, pero lo cierto es que mantienen un discurso de odio plagado de estereotipos, prejuicios y mentiras donde caen, por ejemplo:

- Las parejas gays son sólo lujuria, no hay amor

- Los gays son enfermos (descartado por la OMS y todos los colegios de psicólogos del mundo desarrollado)

- La homosexualidad es un estilo de vida (como si fuera una elección) y como estilo de vida es dañino para ellos y la sociedad

- La homosexualidad es dañina para la familia tradicional y los niños (a pesar de que no hay ninguna evidencia de que afecte a ninguna familia hetero en ningún lado del mundo)

- Los homosexuales son pedófilos

- Los homosexuales son pecadores ¿cómo es esto relevante en una sociedad civilizada?

Para los musulmanes los cristianos son pecadores y por lo mismo los fanáticos los matan de rato en rato. Con lo que ya se sabe sobre la homosexualidad a lo más deberías culpar a Dios, porque ya está claro que es una condición irreversible y que todos esos sitios que se supone que "curan" a los gays son una farsa.

Al final con este discurso respaldas un mal trato a esta comunidad, rechazo constante y nada muy diferente a cuando se decían estereotipos y cosas desagradables equivalentes de los negros en EEUU. No apoyas directamente posiciones radicales, pero les das una palmadita en la espalda respaldando que los raros son ellos (los gays) no quienes los odian.

Mi querido Alex,

A mí me parece muy mal odiar a los gays, hijito, pero no creo que sea una condición irreversible. Jesús nos enseñó que debemos amar a nuestros enemigos, amar a quienes nos odian. Un cristiano que odia a otro ser humano NO es cristiano.

En mi iglesia hay un predicador que ha construido su Ministerio Internacional en base a su cambio de gay a heterosexual, está felizmente casado y tiene hijos. Su testimonio y el de miles de gays que se han convertido al cristianismo demuestra que sí es posible.

From Lesbian Professor to Pastor's Wife

Rosaria Champagne Butterfield spent more than a decade of her life as a leftist lesbian English professor specializing in queer theory at Syracuse University. She was in a committed homosexual relationship, served as the faculty advisor for a number of gay and lesbian student groups on campus.

https://www.todayschristianwoman.com/articles/2014/february-week-1/from-lesbian-professor-to-pastors-wife.html

Ex-gay married, became a pastor | God Rexts

He fought same-sex attraction as a young person and plunged into the homosexual lifestyle after a false accusation unmasked his desires. When a tumultuous same-sex relationship unwound, the power of God's Word and the Spirit drew a prodigal home.

http://blog.godreports.com/2012/08/ex-gay-married-became-a-pastor/

Ex-gay married, became a pastor | God Rexts

Imagine that you are visiting a church for the first time. You notice the men and women are well-dressed and respectable. As typical of any conservative or mildly charismatic church, the members are engaged in whole-hearted worship, clapping to the beat and lifting their hands.

http://www1.cbn.com/spirituallife/an-ex-gay-speaks-out

Hasta ahora no hay un solo estudio científico serio que demuestre que es una condición genética.

Y tu defensa de los homosexuales pasa por alto que sí hay una gran mayoría de gays promiscuos y un porcentaje de pedófilos que inician a niños heterosexuales en ese mundo.

Las estadísticas demuestran que los gays cambian de parejas sexuales con mucha mayor frecuencia que los heterosexuales...y si esto no es lujuria...habrá que inventar una palabra nueva...En tu afán de defender a los gays, optas por no ver una realidad que salta a la vista.

Ma,

Estos testimonios son una aguja en un pajar, son casos anecdóticos que no sirven más que para sesgo de confirmación para quienes ya creían en eso mismo. Por cada uno de esos casos, así fueran reales y no sólo gente que se niega a sí misma para cuadrar con lo que la sociedad les pide, hay miles que cuentan que, por más que trataron de cuadrar con lo que la sociedad pedía de ellos, realmente nunca pudieron sentir atracción por el sexo opuesto y sólo vivieron infelices hasta que aprendieron a aceptarse por quienes son. Considerando que por ser gays no le hacen daño a nadie es injusto, irracional e inmoral pedirles que cambien y sean alguien diferente a quien quieren ser para que se ajusten a lo que un grupo considera correcto.

No hay estudios científicos concluyentes que certifiquen que es genético, pero hay abundante evidencia sobre que no es una opción y toda la historia del tema en la que se pretendieron curas fallidas repasa que no tiene cura más allá de algunos casos anecdóticos como los que señalas en los que incluso es difícil probar si se "curaron" por que no hay cómo ver que hay dentro de su cabeza. Acá en wiki salen varios estudios que, si bien no son completamente concluyentes, dan pistas bastante claras al respecto.

https://en.wikipedia.org/wiki/Biology_and_sexual_orientation

El que haya gays promiscuos no implica que todos los gays sean promiscuos o que no sientan amor por sus parejas. Pretender que porque cambian más de pareja que los hetero son incapaces de sentir amor y sólo viven por lujuria es equivalente a que los musulmanes pretendan lo mismo de los occidentales, es una afirmación con datos separados que no llevan uno al otro pero tú aceptas la parte gay mientras que rechazarías la acusación a heteros occidentales hecha por musulmanes porque coincide con tu creencia previa.

La lujuria y el amor no son excluyentes, también hay parejas gays que pasan juntas toda su vida ¿también sería lujuria? y tú prefieres agruparlos con los que no lo hacen para tirar todo el grupo abajo y que cuadren con tus preconcepciones de que no pueden amar.

No hay estadísticas serias respecto a que el porcentaje de pedófilos sea mayor entre gays que entre heteros, de hecho, la prostitución infantil está mayoritariamente orientada a pedófilos heteros y el tráfico de personas para estos fines son muchas más niñas que niños y sobre eso si hay data. No hay ningún país del mundo desarrollado donde el matrimonio gay o la adopción gay haya derivado en mayores estadísticas de pedofilia, lo único que hay es un caso aislado en algún lugar de Europa que repiten como loros algunos homófobos como si la referencia anecdótica fuera relevante.

La que se ciega a la evidencia eres tú, hay abundante evidencia de que los gays pueden integrarse a la sociedad y ser ciudadanos productivos, además de que el matrimonio gay no tiene el más mínimo impacto en la vida de los heterosexuales e incluso que los niños criados por gays no presentan mayores diferencias respecto a los criados por padres hetero mientras que siempre salen mejor que los que crecen en orfanatos. Por acá también hay un caso anecdótico de una mujer que se queja de sus madres lesbianas y los anti-gay repiten como loros.

En serio, por más que digas que no odias a los gays eres como quien dice que tenía un amigo negro en los 50s, pero como no son lo mismo es razonable que se sienten en asientos diferentes del bus o que no odio a los cholos pero en verdad el matrimonio de tu mamá con Genaro, el chofer de la casa, fue sólo por lujuria y no por amor, porque es demostrable estadísticamente que los cholos son menos inteligentes, casi como animales.

Aunque tu retórica anti-gay sea más *light* que la de otros que se alegran con masacres, lo cierto es que facilita que radicales sientan que su posición homófoba extrema está bien y la sociedad los apoya y de paso, le hace la vida difícil a los gays sin merecerlo.

Ay, hijo mío, disculpa, pero creo que vamos a perder el tiempo porque ninguno va a poder convencer al otro.

Yo NO odio a los gays. ¿Con qué derecho puedes creer saber lo que siento?

Yo no digo que no haya amor en buena parte de las parejas homosexuales. He revisado estadísticas y hablado con muchos gays que reconocen que ellos cambian de pareja con mucha frecuencia y que en sus clubes nocturnos van a buscar a alguien con quien luego practicar el "sexo casual", sin compromiso.

Yo no digo que todos los homosexuales sean promiscuos y que adopten ese estilo de vida llevados por la lujuria, lo que digo es que las estadísticas demuestran que LA MAYORÍA lo son .... para eso se han hecho las estadísticas, para mostrarnos la realidad en números.

Tu defensa es tan parcializada y subjetiva como la mía porque estás tan a favor de ellos que solo falta que creas que son ángeles.

Los cristianos también estamos en contra del pecado sexual de los heterosexuales. Uno no es peor que el otro.

El apóstol Pablo dice en 1 de Corintios 6:
¿No se dan cuenta de que sus cuerpos en realidad son miembros de Cristo? ¿Acaso un hombre debería tomar su cuerpo, que es parte

de Cristo, y unirlo a una prostituta? ¡Jamás! ¿Y no se dan cuenta de que, si un hombre se une a una prostituta, se hace un solo cuerpo con ella? Pues las Escrituras dicen: «Los dos se convierten en una sola carne». Pero la persona que se une al Señor es un solo espíritu con él.

¡Huyan del pecado sexual! Ningún otro pecado afecta tanto el cuerpo como este, porque la inmoralidad sexual es un pecado contra el propio cuerpo. ¿No se dan cuenta de que su cuerpo es el templo del Espíritu Santo, quien vive en ustedes y les fue dado por Dios? Ustedes no se pertenecen a sí mismos, porque Dios los compró a un alto precio: la vida de Su Hijo. Por lo tanto, honren a Dios con su cuerpo.

Yo siento compasión por los homosexuales porque entiendo cuánto sufren, pero no puedo aprobar lo que hacen porque va en contra de mi fe. Y no empecemos una discusión sobre mi fe religiosa, por favor, porque no llegaremos a ningún lado tampoco.

Quiero que sepas que te quiero y te respeto y que siempre podrás contar conmigo para lo que necesites.

Ma,

Pero así digan que están contra el pecado sexual de los hetero en los hetero el pecado sólo es por la infidelidad, para el caso de los homo el pecado es por estar con la pareja de la que se enamoraron así estén juntos toda su vida, imagínate que eres parte de una religión hindú según la cual tú y papá vivían en pecado una vida indigna por ser una unión de diferentes castas y que la sociedad los marginara por eso mientras que salen comentaristas en TV diciendo que lo de ustedes no era un matrimonio de verdad. Tú has estado enamorada más de una vez, trata de ser algo empática. Que sientas compasión es irrelevante si esa compasión no te lleva a cambiar o al menos moderar tu discurso.

Acá hay estadísticas respecto a divorcios gay, son superiores a los hetero, pero siguen siendo cantidades bajas y además es esperable cantidades altas al inicio porque, como todo producto prohibido seguro muchos se casaron sin estar en una relación estable por el simple hecho de que ya se podían casar. También cabe resaltar que el que en algunos casos no tengan apoyo de la sociedad y reconocimiento de sus familias influye, así como influye el que no hay realmente literatura que los ayude ante problemas de pareja mientras que sí hay mucho conocimiento para problemas de parejas hetero.

Piensa esto ¿sería argumento contra el matrimonio negro si se probara que los negros se divorcian más? ¿contra el matrimonio interracial? Porque de hecho el segundo link es sobre divorcios interraciales que son estadísticamente más altos que en parejas de la misma raza ¿debería vetarse ese matrimonio también?

https://en.wikipedia.org/wiki/Divorce_of_same-sex_couples

http://www.blogher.com/latest-statistics-divorce-rates-among-interracial-marriages

No esperaba que cambiaras tu fe, quería que trataras de entender puntos de vista objetivos al respecto para moderar tu postura como hacen muchos cristianos que no son anti-gay como tú. Se puede probar objetivamente que los gays no le hacen daño a nadie y al sostener tu postura repitiendo prejuicios tú si les haces daño a ellos.

En todo caso si no eres capaz de entender el daño que le causas a terceros y que causar daño a otros que no le hacen daño a nadie está mal, te pediría que honrando que considero profundamente inmoral tu posición al menos de pregonar públicamente tu posición antigay, yo ya vengo un buen rato absteniéndome de responder a tus publicaciones al respecto.

Yo te quiero, considero que tienes el derecho a creer lo que quieras, tienes derecho a aplicarlo a tu vida y nadie pretende que tengas amigos gay y los defiendas, pero ese derecho a creer lo que quieras tiene como límite el momento en que lo que pregonas daña a los demás y si conocieras a gente gay y vieras el impacto que tiene ese discurso te darías cuenta del daño que hace. Vale señalar que esta no es una discusión como la de Dios y el ateísmo donde al final era algo más intelectual que si no se resuelve me da casi igual, comencé esta discusión porque lo considero un tema serio.

Otra idea, pensando dentro del cristianismo asumo que es razonable pensar que diferentes normas tienen diferentes prioridades y por ejemplo podríamos decir que si algo lo dijo Jesús tiene prioridad por sobre lo que dijo Moisés. Bajo esa lógica la *Golden Rule* sería de Jesús y que los homosexuales son una aberración es de la ley de Moisés y lo que se indica contra los gays en el Nuevo Testamento no es de Jesús ¿no debería ser prioridad lo que Jesús dijo?... si el daño que hace toda esa retórica antigay es verificable ¿no deberían cortarla, dejar que los gays usen el libre albedrío que Dios les dio y dejar que cuando corresponda sea Dios quien los juzgue?

Me quedé pensando en lo que implica la lujuria y otros pecados y deberías ser capaz de darte cuenta que los cristianos sólo se enfocan con tanta dureza contra la homosexualidad, el resto de pecados son manejados de forma bastante "light" sin pelearse contra todo quien los maneje incluso respetando que, así el pecado sea infidelidad, es algo que tiene que resolver la pareja y terceros no tienen por qué opinar y meterse, nunca he visto propuestas orientadas a marginar de la sociedad a personas divorciadas, si hubo deben ser tan antiguas que no son relevantes para la discusión.

Hijito de mi corazón,

No es cierto que los cristianos sólo tratamos con dureza el tema del homosexualismo desde la perspectiva de la lujuria. No. Le damos duro al tema de la pornografía, la pedofilia, el incesto, el adulterio, la fornicación y otros asuntos parecidos.

Tienes toda la razón en que para una cristiana como yo lo que diga Jesús tiene mucho más peso que lo que digan los profetas del Antiguo Testamento e inclusive los apóstoles. Jesús fue muy estricto al hablar del pecado sexual y si bien es cierto no condenó a nadie por ello, dejó en claro que se trata de un pecado del que hay que arrepentirse y no continuar cometiéndolo.

Recordarás el caso de la mujer adúltera descrito en Juan 8:

«Maestro —le dijeron a Jesús—, esta mujer fue sorprendida en el acto de adulterio. La ley de Moisés manda apedrearla; ¿tú qué dices?».

Intentaban tenderle una trampa para que dijera algo que pudieran usar en su contra, pero Jesús se inclinó y escribió con el dedo en el polvo. Como ellos seguían exigiéndole una respuesta, él se incorporó nuevamente y les dijo: «¡Muy bien, pero el que nunca haya pecado que tire la primera piedra!». Luego volvió a inclinarse y siguió escribiendo en el polvo.

Al oír eso, los acusadores se fueron retirando uno tras otro, comenzando por los de más edad, hasta que quedaron solo Jesús y la mujer en medio de la multitud. Entonces Jesús se incorporó de nuevo y le dijo a la mujer:

— ¿Dónde están los que te acusaban? ¿Ni uno de ellos te condenó?
— Ni uno, Señor —dijo ella.
*— Yo tampoco —le dijo Jesús—. Vete y **no peques más**.*

El perdón divino, en el caso del pecado sexual como en cualquier otro tipo de pecado, no da licencia para continuar pecando.

Veamos ahora lo que dice Jesús sobre el pecado del ADULTERIO en Mateo 5, poco después de las Bienaventuranzas:

» *Han oído el mandamiento que dice: "No cometas adulterio". Pero yo digo que el que mira con lascivia a una mujer ya ha cometido adulterio con ella en el corazón."*

¡Más estricto no se puede ser!

Y Jesús también se pronuncia tajantemente contra el divorcio en Mateo 19, Marcos 10 y Lucas 16

"Unos fariseos se acercaron y trataron de tenderle una trampa con la siguiente pregunta:

—¿Se permite que un hombre se divorcie de su esposa por cualquier motivo?

Jesús respondió:

—¿No han leído las Escrituras? Allí está escrito que, desde el principio, "Dios los hizo hombre y mujer" —Y agregó—: "Esto explica por qué el hombre deja a su padre y a su madre, y se une a su esposa, y los dos se convierten en uno solo". Como ya no son dos sino uno, que nadie separe lo que Dios ha unido.

—Entonces —preguntaron—, ¿por qué dice Moisés en la ley que un hombre podría darle a su esposa un aviso de divorcio por escrito y despedirla?

Jesús contestó:

—*Moisés permitió el divorcio solo como una concesión ante la dureza del corazón de ustedes, pero no fue la intención original de Dios. Y les digo lo siguiente: el que se divorcia de su esposa y se casa con otra comete adulterio, a menos que la esposa le haya sido infiel."* (Mateo 19: 3)

En este pasaje Jesús cita textualmente un versículo del libro de Génesis (parte del Pentateuco judío):

Dios creó al hombre a imagen Suya, a imagen de Dios lo creó; varón y hembra los creó (Génesis 1:27)

Y apela también a otro verso ubicado en Génesis 2:24

Por tanto, dejará el hombre a su padre y a su madre, y se unirá a su mujer, y serán una sola carne.

Y estas son algunas de las citas bíblicas en las que los cristianos nos basamos para defender el MATRIMONIO como LA UNIÓN DE UN HOMBRE CON UNA MUJER.

Finalmente, puede que Jesús no se haya referido directamente a la homosexualidad, pero sí lo hizo su apóstol más importante: Pablo, ex Saulo de Tarso, quien menciona en varios pasajes de sus cartas a Los Romanos, a los Corintios y a los Gálatas que los hombres que se echan con varones no heredarán el Reino de Dios. Pablo cita lo que le pasó a Sodoma y Gomorra. Ellos practicaban el sexo CONTRA NATURA, llamado así porque el orificio creado para execrar heces es empleado con fines sexuales.

Yo no soy quién para juzgar a los gays. Coincido contigo en que Dios es el único que puede juzgarlos. Lo único que yo hago es repetir lo que dice la Biblia al respecto cuando alguien me pregunta sobre mi posición en torno al matrimonio gay.

Para mí, el MATRIMONIO ES UNA INSTITUCIÓN SAGRADA CREADA POR DIOS y El dispuso que fuera entre un hombre y una mujer.

Nadie puede venir a modificar el diseño divino, la voluntad del Creador del hombre y de la mujer.

Dios creó a la mujer PARA el hombre. Si Dios hubiera considerado válido que dos hombres se amaran físicamente y fueran pareja, no hubiera tenido la necesidad de crear a la mujer.

Mis convicciones sobre el tema son religiosas, ciertamente, basadas en mi fe cristiana y prefiero agradar a Dios que agradar al mundo.

"Bienaventurados serán cuando los insulten y persigan, y digan todo género de mal contra ustedes falsamente, por causa de Mí." (Mateo 5:11)

Ma,

No se trata de a quién quieras agradar, se trata del daño que haces a terceros con tu posición y las implicancias que tiene. Si quieres agradar a Dios no juzgues en su lugar, al emitir posiciones y juicios sobre los gays, si sus relaciones son sólo lujuria sin amor, que todos son promiscuos y demás te revistes de jueza y haces daño. ¿Consideras realmente que la forma en que se ataca y discrimina a los gays es proporcional al ataque que reciben por parte de cristianos los adúlteros o algún otro grupo? Sólo a los gays se los margina así, no hay historias de jóvenes expulsados de sus casas y rechazados por su familia por ser infieles, a nadie lo despiden por divorciarse, nadie sacaría una ley para permitir que se niegue el servicio en establecimientos a divorciados si va de acuerdo a la religión del dueño.

Luego ¿qué dirías si yo fuera parte de una religión que repite constantemente que las relaciones interraciales son una aberración ante los ojos de Dios y le repitiera constantemente a tu mamá y Genaro que no son una relación de verdad, que son una aberración, sólo lujuria y demás, imagínate todo el día escuchando ABERRACIÓN!! ¡¡ABERRACIÓN!! ¡¡ABERRACIÓN!! Ten un poco de empatía. Las religiones y creencias personales no pueden ser utilizadas para atacar a terceros salvo que quieras concederle lo mismo a los demás y en el ámbito religioso, al ser fe en cosas que no pueden verificarse, estarías concediendo que las creencias de cualquiera le dan permiso y estatus moral para hacer daño verificable a terceros.

Como te digo, cree lo que quieras, pero abstente de hacer daño, así Dios exista y la homosexualidad fuera pecado, el daño y la discriminación que sufren los gays no es proporcional al que ocurre con ningún otro pecado relacionado al sexo ni otro equivalente que me venga a la mente, a lo más con asesinato y robo pero ésas son 2 cosas donde el daño que generan es verdaderamente verificable y trascienden las religiones y sociedades en que se identifican como algo malo.

---

22 de junio de 2016

Hijo amado,

Ya entendí por qué insististe tanto en el tema gay últimamente.

Hoy Rodi me confesó que se siente transgénero y que quiere empezar a tomar hormonas.
La idea me ha dolido mucho. Yo amo a mis hijos y no quiero

verlos sufrir. Y creo que Rodi va a caminar una vía dolorosa y que va a hacer sufrir a otros en el intento.

Tú que tanto hablas de moral como el conjunto de valores de convivencia que nos permiten relacionarnos con otros sin causarles daño alguno, quiero que sepas que, tanto a tus abuelos Beba y Gena como a mí, este nuevo intento de tu hermano de hacer pública su confusión nos afecta negativamente. Yo soy una predicadora cristiana muy comprometida con su fe. Y aunque puedo aceptar que mi hijo tenga el derecho de hacer lo que quiera con su vida, te ruego entiendas que su postura actual -de hacer pública su opción- va a perjudicar mi imagen (tal vez hasta mi trabajo en los medios cristianos y en las iglesias) y no nos va a dar ni paz ni gozo ni a sus abuelos ni a mí.

Él ya estuvo confundido antes pero luego, cuando conoció a Rita, vino a pedirme perdón y a darme la razón de que él era heterosexual. Ha tenido relaciones sexuales satisfactorias con mujeres y hasta ha tenido el sueño de ser padre biológico de varios niños. Creo que sigue confundido y que se deja influenciar fácilmente por sus amistades transgénero y bisexuales y por todo el liberalismo típico de este país.

Por más hormonas que tome y operaciones que quiera hacerse (y no sé con qué plata) no va a lucir como mujer. Es demasiado alto, de contextura gruesa y su rostro es muy masculino.

Entiendo que debido a la forma en que fue abusado psicológicamente de niño (y en parte tú contribuiste a ello, aunque sé que no tuviste mala intención y no te culpo, hijo) creció con una personalidad pasiva-sumisa que lo ha hecho creer que sería más feliz siendo mujer.

La ciencia nos ha demostrado que son una muy baja minoría los transgénero que han hecho cambio de sexo y se han sentido satisfechos, plenos y felices con el cambio. La mayor parte ha reaccionado de manera opuesta a lo que esperaban y soñaban: detestando el cambio de sexo. Y son cambios demasiado radicales porque se juega no solo con la anatomía sino también con la psiquis.

Yo amaré a tu hermano no importa cuál sea su decisión, pero el camino que quiere seguir me hará sufrir y estoy segura de que a él también.

Ma,

Déjame comentar algunos temas de los que señalas y disculpa si parezco agresivo (y eso trato de moderarme) pero de verdad algunas afirmaciones tuyas no dan para otro tipo de comentarios:

"Tanto a tus abuelos Beba y Gena como a mí, este nuevo intento de tu hermano de hacer pública su confusión nos afecta negativamente"

¿En serio crees que el mundo gira en torno a ti? Si les afecta negativamente es sólo porque mantienen una posición que se ofusca cuando alguien actúa de una forma diferente a lo que consideran aceptable por dogma y los lleva a denostar a todos los que son distintos. Nadie te obliga a mantener una posición pública que se dedica a atacar a las minorías ya discriminadas, si acaso podrías aprovechar de analizar realmente tus sesgos, el daño que haces y ver si resulta mejor reorientar tu postura y replantear tu imagen al respecto.

Ahora resulta que tú, Beba y Gena se verían perjudicados porque ya no van a poder atacar a esta minoría sin que se vea feo que atacan también a un pariente y ¿los perjudicados son ustedes.? Es como un racista que se ve perjudicado porque su hija se casa con un negro y ¿qué van a decir los vecinos? El perjudicado es Rodi por tener relación con personas que sostienen esa posición, no a la inversa.

"Él ya estuvo confundido"

Acá es imposible meterse en su cabeza y sacar conclusiones. Tal vez antes estaba confundido y siempre fue trans, lo único que puedo concluir con un paso así es que lo ha pensado tanto como hace falta. Nadie da un paso en esta dirección para recibir rechazo amplio y público porque tiene amistades que lo influenciaron.

Respecto a la sumisión y demás te diría que es vano que trates de sacar conclusiones sobre por qué es así, conociéndote cualquier conclusión que saques va a ser basada en sesgos y sólo va a redundar en una afirmación de tus creencias. Lo lógico es que a falta de información simplemente aceptemos que no se puede saber todo.

"La ciencia nos ha demostrado que son una muy baja minoría los transgénero que han hecho cambio de sexo y se han sentido satisfechos, plenos y felices con el cambio"

En realidad, la ciencia muestra lo contrario, que la mayor parte de las personas transgénero se siente mejor después del cambio ¿qué ciencia es la que miras? La postura oficial de la psicología y psiquiatría (la ciencia) le da la razón a los trans, no a ti. En todo caso si quieres buscar la razón por la que los transgénero sufren es mejor que te mires al espejo, gente que sostiene posiciones y actitudes como la tuya, juzgando a todos los que escapan del cuadro de sus creencias, son quienes hacen miserable la existencia de los transgénero en sociedad. En el caso de Rodi, cada vez que reciba un ataque por no verse bien o no pasar de forma desapercibida, piensa que es de gente que comparte lo que predicas.

De verdad espero que analices tus sesgos y replantees tu enfoque de estas cosas. Vale decir que yo también le he pegado su grupo de carajazos por no saber administrar el dinero (el camino que sigue es caro), responsabilidad, independencia y demás, pero en lo que respecta a su identidad, ésa le pertenece, no a mí, tampoco a ti.

Mi querido Alex,

En este website -que no es cristiano- encontré algunos datos fidedignos sobre el fracaso del cambio de sexo y otros datos interesantes e importantes a considerar
Ma,

Things I've learned - Sex Change Regret

People with gender issues need our most profound compassion but they also need the truth so they can escape the pitfalls of changing genders. My purpose in providin...

http://www.sexchangeregret.com/Things-Ive-Learned

Otra vez estás en *"cherry picking"*, tomando sólo la información que corrobora tu punto de vista, aunque sean casos mínimos y excepcionales.

Luego, para repasar lo malo y sesgado del website que me enviaste:

1.- Todo el mundo sabe que esa operación no genera órganos sexuales del sexo opuesto ¿crees que en serio eso puede ser argumento de algo? Lo concreto es que para muchos trans es mejor que tener órganos sexuales del sexo con el que no se sienten identificados, otros no se operan.

2.- El suicidio es más común en los trans que en otros grupos, pero ¿no crees que podría estar influenciado en toda la gente que como tú se dedica a decirles que son aberraciones? Más allá de eso indica que el *"regret"* (arrepentimiento) es motivo de suicidio sin indicar de forma fidedigna cuántos de estos suicidios se deberían realmente a esto, no menciona bases de estudio, estadísticas ni nada.

3.- La opinión citada del médico de los 60s es irrelevante como argumento cuando luego se ha seguido investigando y toda la información recopilada redunda en la posición actual al respecto. Newton creía en la alquimia y a nadie se le ocurriría decir que por eso es falsa la ley de la gravedad.

Lo peor es que como bibliografía pone una referencia a un artículo periodístico de *USA Today* ¿te parece eso serio?

En general, el pretender que esta página que encontraste -seguro luego de buscar bastante- reemplaza todo el conocimiento y la posición oficial de las instituciones de psicología y psiquiatría que se respaldan en estudios serios es un sesgo de confirmación y un *"cherry picking"* monumental.

En serio, valida tus sesgos y la forma en que buscas información ¿por qué no partes por leer las posiciones oficiales?

Hijo querido,

¿Tú de verdad crees que tu hermano va a ser feliz queriendo ser mujer?

No hice una búsqueda larga ni profunda, pero ya antes había revisado estudios científicos que apoyan lo que ese website dice.

Ya te los mostraré luego.

Ma,

Es imposible predecir la felicidad ajena, lo cierto es que nadie elije ser gay o trans ni se le quita, así que si quieres colaborar con su felicidad mejor acepta que la identidad ajena y su derecho a buscar la felicidad no es algo que se trate de ti.

Sé de muchos estudios que siempre referencian los que defienden tu postura, lo cierto es que no tienen ningún respaldo de ninguna institución sería con opinión en la materia. Todos son como esa web que posteaste. Mejor busca los estudios y posiciones de instituciones como la APA, saben más de psicología que tus referencias.

Vale añadir, lo único que puedes decidir es entre seguir defendiendo una postura que fomenta la discriminación con el respectivo daño que genera o cambiar de enfoque y ver que lo que haces realmente nunca fue moral.

Hay muchos cristianos que apoyan a los gays y trans, tal vez ya una mayoría al menos entre los jóvenes, podrías buscar un nuevo público ahí.

Si quieres piensa que es un mensaje divino para que recapacites y redirijas tus energías para ir contra la discriminación, algo que realmente genera bienestar.

---

28 de junio

Ma,

Sorry por mi agresividad en algún momento, mi intención es que entiendas las cosas desde un punto de vista objetivo (que no es el tuyo). No sé si algún día lo voy a lograr, pero lo concreto es que si no lo haces te vas a alejar de todos.

Con madurez tienes que aceptar algunas cosas:

1) No podemos controlar la vida de los demás

2) Hay cosas sobre las que no sabemos, buscar explicaciones que se adecúen a lo que creemos para esto es inútil

3) Es irracional esperar que quienes son diferentes se adapten a nuestras creencias, lo que corresponde es aceptar como parte de nuestras creencias que esas personas diferentes existen y nos toca respetarlas.

Puedo entender que tengas, como todos, necesidad de respuestas y explicaciones, que estés atravesando por una etapa de negación y por lo mismo quieras explicar lo que le pasa a Rodi en base a los hechos que tú crees que podrían haber influenciado. Lo concreto es que ni la psicología ni la psiquiatría tienen una explicación concreta (aunque todo apunta a que la biología es el factor principal). Tu búsqueda de respuestas no va a explicar realmente nada y sólo te va a llevar a cerrarte al tema auto-confirmándote sobre la información que quieres aceptar e ignorando todo aquello que contradice tus creencias iniciales.

Como información general:

- Hay trans de todo tipo de personalidades, no sólo pasivas o introvertidas, conozco a varios (tú seguro a ninguno) y lo que tú comentas respecto a la infancia de Rodi no explica ninguno de sus casos (ni el de Rodi).

- Los abusos sexuales en la infancia no guardan ninguna relación con la identidad de género, conozco varios trans y ninguno ha sufrido ningún abuso sexual, Rodi tampoco ha sufrido ninguno.

Espero en verdad que logres conciliar tus creencias con la realidad que tienes al frente, si no lo logras no sólo te vas a alejar de Rodi (a quien en adelante me referiré como Robyn, que es el nombre con el que él quiere que lo llamemos), sino también del resto de la familia.

Un abrazo,
Alex

La biología no tiene ninguna explicación para el caso de tu hermano, hijo mío.

Nunca nadie, ni yo, su madre que lo parí, tuvimos la más mínima idea de que él no se sentía hombre.

Nadie lo obligó a jugar con carritos, soldados e imitar a los súper héroes de la tele. Él lo hizo porque le nacía.

Podría haber gustado de hacer cosas de niñas y expresarse como una de ellas. Nunca fue amanerado ni demostró sensibilidad femenina. Nunca escuchó el tipo de música que escuchan las chicas, leyó los libros que ellas leen o jugó los vídeo juegos que ellas prefieren. Tampoco se le dio por ir de compras y entretenerse en el tipo de diversión que las mujeres elijen.

¡Que a alguien le guste vestirse de mujer NO lo hace mujer!

Y ahora que menciono este punto... ¿no habrás sido tú quien ha influenciado en tu hermano para que tome esta decisión?

¿Tú te consideras transgénero también? ¿Lo sabe Cossete?

Rodi y yo estamos teniendo una vida en común con mucha calma y respeto. Si yo no lo aceptara, lo hubiera echado de la casa. Pero nunca haré algo así, a no ser que su comportamiento sea irrespetuoso.

Una cosa es amar al hijo como ser humano y otra muy distinta amar lo que hace. No estoy de acuerdo con lo que hace y el rumbo que quiere darle a su vida.

Como no estaría de acuerdo con que ninguno de ustedes se convirtiera en un drogadicto.

Y no creo merecer que la familia me haga de lado porque yo no estoy sacando a Rodi de mi vida...sólo le estoy pidiendo que no haga de esto algo público y que no me traiga a Angie a la casa. Angie es su nueva(o) enamorada(o). Ella es transgénero. Es una chica que quiere ser chico. O sea, Rodi quiere ser mujer y tiene una relación amorosa con una mujer que desea ser hombre. ¿No suena loco?... No me parece cuerdo que una muchacha tenga que masculinizarse y un hombre tenga que feminizarse para tener una relación de pareja cuando ya tuvieron relaciones sexuales siendo quienes son actualmente.

Ma,

Me temo que sigues en negación, cuando me refiero a la biología obviamente no me refiero a sus genitales, me refiero a algo en su cerebro.

Revisa este link:

https://www.newscientist.com/article/dn20032-transsexual-differences-caught-on-brain-scan/

No pretendo que haya respuestas concluyentes al respecto, pero lo concreto es que las explicaciones que buscas no son realmente explicaciones, son formas en las que acomodas la realidad a lo que presupones. Así no sea algo biológico hay abundante evidencia de que no es electivo y que las personas trans son bastante más felices después de su transición. Podrías tratar de conocer a gente trans y entender lo que viven y sienten para sacarte la duda **¿crees que se expondrían a un mundo de discriminación y odio por un gustito? ¿por ideología?** Sin necesidad de conocer un trans personalmente, seguro debe haber información en YouTube y casos, si de verdad te interesa busco y te reenvío.

Respecto a que se comportara de una u otra forma, no hace falta obligar a alguien a algo específico para que esta persona tenga claro cuál es el comportamiento que la sociedad espera de él, más en la infancia. En este caso concreto sólo una persona sabe que pasa por su cabeza, por lo mismo es bastante aventurado sacar conclusiones sobre lo que sentían o sienten terceros y que los llevó a actuar de una u otra forma.

"Que a alguien le guste vestirse como mujer no lo hace mujer"

Que te repitas eso no lo hace tampoco más hombre y para una persona trans no se trata de ropa. Una persona es quien decide ser, no quien quieren que sea los demás. Ser Rodi o Robyn es su decisión, no tuya, sólo te corresponde respetarla y darle un trato respetuoso aguantándote que según tus creencias equivocadas eso esté mal (no puede estar mal si considera que es más feliz así y no hace daño a nadie). Como te digo, conozco personas trans, es un sinsentido tratarlos de acuerdo con su sexo de nacimiento, no lo representan en absoluto.

Por otro lado, yo nunca he hablado sobre nada mío con ninguno de mis hermanos, los he mantenido completamente al margen de mis temas personales, además esto no es algo que sea influenciable o contagioso, menos en algo que trataría de influenciar a un tercero en algún sentido. La identidad de cada persona es sólo de su pertenencia, jamás trataría de manipularla y, sobre todo, sabes que no soy realmente cercano ni a Guille ni a Robyn como para que, así quisiera, pudiera lograrlo, como referencia ni nos llamamos por el cumpleaños.

Sobre la drogadicción, que alguien sea trans es parte de quien es así como que tú no lo seas, no es parte de lo que hace, no es algo comparable con un drogadicto porque no hace ningún daño, de hecho, es insultante que pretendas que es equivalente.

Nadie dice que te vamos a hacer de lado, pero imagino que puedes hacerte una idea respecto a que según como manejes estas cosas podrías terminar alejándote, por ejemplo, imagino que ya no vas a querer subir fotos familiares al Facebook o que te etiquetemos en las nuestras, a mí me da lo mismo el Facebook, pero ¿crees que cosas así no tienen efecto? Igualmente, que un tercero decida hacer público o no algo que considera parte de su identidad es una decisión sobre su bienestar exclusivamente, no se centra en ti ni en mí, por el contrario que centres la vida de los demás alrededor de tu bienestar, orientado a lo que dirá el resto, tu imagen y la eventual vergüenza que sería para ti, sí se ve egoísta desde casi cualquier ángulo donde vale decir, así creas profundamente que esto no se relaciona sólo a tu bienestar sino al suyo, lo cierto es que toca aceptar que nadie es buen juez de lo que implica el bienestar para terceros y por lo mismo es mejor abstenerse de emitir juicios, por ejemplo yo diría que la religión es dañina para tu bienestar y seguramente tú opinas lo mismo de mi ateísmo.

Mi querido Alex,

Me parece muy curioso que no me concedas el más mínimo derecho de preocuparme por el bienestar de MI hijo cuando ustedes sí que metieron su cuchara e hicieron todo lo posible para que yo NO me casara con Owen, mi último novio... inclusive me amenazaron con que ya no me dirigirían la palabra si volvía con él... ¿y qué daño les hacía a ustedes que yo estuviera con él? ¡Ninguno! Y se metieron en mi vida con todo el derecho del mundo porque no querían que me equivocara, no querían verme sufrir...Pues bien, eso mismo me pasa a mí con Rodi ...No tengo la menor intención de regresar con Owen, pero te lo pongo como ejemplo... ¡Ustedes creían que él me iba a desgraciar la vida y NO respetaron mi derecho a ser feliz y hacer de mi vida lo que me diera mi regalada gana!... ¡Intervinieron abierta y tajantemente!...El verdadero amor protege a quienes ama...y una madre NUNCA dejará de proteger a sus hijos....Se nota que no has pasado por la experiencia de la paternidad y no puedes practicar la empatía conmigo...te es más fácil practicar la empatía con los animales que con tu madre...Y claro tampoco la puedes practicar conmigo porque nunca entenderás la profundidad y belleza de mi relación con Dios, que es la que me motiva a rechazar lo que Rodi está haciendo...Entiende que NO lo rechazo a él ni nunca lo haré...es mi hijo y lo amo pero no puedo avalar el error que comete...

¿Y ya que es tan importante HACER PÚBLICA la identidad sexual hoy en día y estar supuestamente orgulloso de eso...por qué alientas tanto en tu hermano algo que tú no te atreves a hacer, hijo mío? Debieras más bien aconsejarle que sea discreto, como tú lo eres... ¡nadie se entera de nada y todos llevamos la fiesta en paz!

Ma,

Ciertamente casarte con él era una mala idea, puede que nos hayamos pasado de la raya (aunque yo creo haber opinado poco), pero lo concreto es que casarte o no casarte con alguien bueno o malo es algo que haces, no algo que eres y esa es la gran diferencia en este asunto, hablamos de la forma en que alguien define su identidad, no sus pasatiempos.

No te niego el derecho a proteger a tus hijos pero ese derecho tiene como límite las decisiones que éstos puedan tomar libremente como adultos y lo concreto es que rehusándote a aceptar la realidad no proteges a nadie, al rechazar "lo que hace" realmente rechazas quien es, tus creencias te cierran a entender esa parte por esa repetición de meme de "odiamos al pecado y no al pecador", como si la homosexualidad y la transexualidad, que son un tema de identidad, fueran algo separable de la persona misma. Es cierto que no puedo tener empatía por tu religiosidad, tampoco puedo entender a cabalidad tu maternidad a nivel de sentimientos, pero sabrás por lejos que tengo mayor capacidad de tener empatía con gente trans porque conozco gente trans, lo que vive, lo que sufre y lo que alegra sus vidas mientras tú te basas completamente en prejuicios para juzgar desde un pedestal sobre un tema del que no sabes nada y sin conocer a nadie que atraviese o haya atravesado por esas circunstancias. ¿No te parece contradictorio pretender que yo no juzgue religión y maternidad porque no sé de eso, pero no te exiges lo mismo para juzgar a las personas trans? Si quieres proteger realmente a tus hijos, en este caso deberías partir por cambiar el discurso de rechazo hacia los gays y trans y al menos, sin ser una activista LGBT, dejar de hacer daño.

Respecto a si quiere o no hacer pública su identidad es un tema suyo, yo no lo alenté ni lo desalenté, ni siquiera me preguntó y me enteré por Facebook cuando me contó Cossete. Es decisión exclusivamente suya sobre la que yo no he opinado ni un ápice al respecto, si hubiera tenido que decirle algo probablemente sería que no haga público el tema hasta que tenga más estabilidad económica pero no es mi decisión para tomar en su lugar y ciertamente es algo que eventualmente tiene que hacer público.

Respecto a que yo haga público o no temas de mi vida pues es también mi decisión no hacerlo público porque necesito dinero y trabajo y por estas latitudes y por casi cualquiera es irreal pensar que esas cosas no te afectan profesionalmente al menos en mi rubro, pero mantener esto en secreto ciertamente tiene su *toll* en mí, guardar secretos de temas importantes de tu vida te mantiene distante de la gente. De todas formas, lo que siento y dejaste relativamente claro en otros mails es que así haya preocupaciones por su bienestar, tus preocupaciones respecto a que salga del closet van acompañadas de la vergüenza que sientes de que se te asocie con alguien trans y a la imagen pública que quieres mantener. Si quieres llevar la fiesta en paz sólo te queda aceptar la realidad y estar en paz primero contigo misma respecto a estos temas. Mientras te obsesiones en negar la realidad no vas a llegar a nada.

Te recuerdo que:

- La identidad de terceros no nos pertenece

- No sabemos lo que hay en la cabeza de terceros, no sabemos lo que los hace felices

- No podemos controlar la vida de los demás

- Hay cosas sobre las que no sabemos, buscar explicaciones que se adecúen a lo que creemos para esto es inútil

- Es irracional esperar que quienes son diferentes se adapten a nuestras creencias, lo que corresponde es aceptar como parte de nuestras creencias que esas personas diferentes existen y nos toca respetarlas.

Sobre si es algo que va a traer felicidad o tristeza, ciertamente en el mundo en que promueven los religiosos con creencias como las tuyas trae bastante tristeza a las personas gays y trans. Estar en un mundo donde todo un grupo está obsesionado con llamarte aberración no debe ser agradable para nadie, pero para las personas trans que conozco la felicidad que les trae ser ellos mismos contrapesa y supera todo el odio que reciben de la sociedad.

¿Va a ser feliz Robyn? No tengo cómo anticiparme, no somos tan cercanos como para que sepa mucho de lo que pasa por su cabeza ni su caso, pero así desconfíe un poco de su responsabilidad para afrontar algunas cosas nadie es tan tonto como para no saber todo lo que implica esa decisión. Si llegó a eso debe haber sido luego de un proceso largo y porque no era feliz.

La verdad, si no logras salir de tu dogma para entender lo que ocurre en la realidad vas a sufrir por esto y hacer sufrir a otros de forma innecesaria. Mi único interés es hacerte despertar de tus prejuicios y enseñarte que hay una realidad tangible de gente real cuya vida no se asemeja en nada a la caricatura que se arman los religiosos al respecto.

---

22 de agosto de 2016

Para que mis hijos no sigan diciendo que mis opiniones tienen BIAS, fíjense que el siguiente artículo que voy a utilizar para mis siguientes programas radiales ha aparecido en el SAN DIEGO GAY & LESBIAN NEWS y recoge una INVESTIGACIÓN CIENTÍFICA realizada por la *American Sociological Association*

Masculine and feminine chores stay 'stereotypical' in same-sex relationships

SEATTLE – For heterosexual couples, most Americans still believe in the traditional division of household labor between husbands and wives, while for same-sex couples, they think the "more masculine" partner and the "more feminine" partner should generally be responsible for stereotypically...

https://sdgln.com/news/2016/08/22/masculine-and-feminine-chores-stay-stereotypical-same-sex-relationships

Además, encontré este interesante pronunciamiento haciendo una investigación para el programa de TV en el que participaré esta noche. Y sería bueno que revisen las referencias al final del texto para que vean otros estudios sobre el tema que no están sesgados por una visión religiosa en lo más mínimo.

Gender Ideology Harms Children

Updated September 2017- The American College of Pediatricians urges healthcare professionals, educators and legislators to reject all policies that condition children to accept as normal a life of chemical and surgical impersonation of the opposite sex. Facts - not ideology - determine reality.

https://www.acpeds.org/the-college-speaks/position-statements/gender-ideology-harms-children

Este pronunciamiento del Colegio de Pediatras de los Estados Unidos coincide con los estudios publicados por la SOCIEDAD AMERICANA DE PSIQUIATRÍA sobre la DISFORIA DE GÉNERO que aquí les presento:

What Is Gender Dysphoria?

Gender dysphoria involves a conflict between a person's physical or assigned gender and the gender with which he/she/they identify. People with gender dysphoria may be very uncomfortable with the gender they were assigned, sometimes described as being uncomfortable with their body (particularly developments during puberty) or being uncomfortable with the expected roles of their assigned gender.

https://www.psychiatry.org/patients-families/gender-dysphoria/what-is-gender-dysphoria

Ma,

El pronunciamiento es de pediatras, que es algo igual de irrelevante que si hablaran de cardiología, no es de la APA que tiene una posición diferente.

La teoría de género nace como explicación a la existencia de personas trans, no es que las personas trans vieron que existía esa teoría, les pareció interesante y decidieron ser trans. Sólo en la religión y derivados ideologizados tratan de adaptar la realidad (existen personas trans en todas las sociedades y épocas) a su ideología y visión religiosa pretendiendo que son una ideología y no personas, evidencia constatable, las personas trans no son el problema sino quienes pretenden negar su existencia y tacharlos de ideología.

Además, cuando ves afirmaciones como ésta te das cuenta de que todo es basura:

"According to the DSM-V, as many as 98% of gender confused boys and 88% of gender confused girls eventually accept their biological sex after naturally passing through puberty." (De acuerdo con el DSM-V, tanto como el 98% de los niños confundidos en cuanto a identidad de género y el 88% de las niñas eventualmente aceptan su sexo biológico después de pasar la pubertad).

En efecto, casi nadie que presenta problemas de identidad en la infancia termina siendo trans y eso es resultado del apoyo psicológico que se basa sobre la misma teoría que atacan. Pueden elegir, o la teoría es incorrecta y se fuerza a los niños a tener identidades de género que no aplican o en base a esa teoría se logra identificar que no todos los niños con problemas de identidad son trans. No pueden pretender que ambos sean pruebas y refutan lo mismo cuando son contradictorios.

En serio, Ma, es una batalla que ya los conservadores perdieron hace rato contra la ciencia, no hay ninguna asociación de psicólogos o psiquiatras (quienes tienen voz y voto en ese campo de estudio) que tenga posturas como aquellas a las que tú tratas de aferrarte. Si de verdad tienes interés en escuchar argumentos mañana te respondo con más tiempo, tengo toda la paciencia del mundo para explicar cuando hay voluntad de entender, pero la verdad lo dudo ya que aparentemente sólo te llega la información que respalda tu posición y el resto pasa completamente desapercibido para ti, por lo que dudo que sea relevante cualquier cosa que te presente mientras sigas en esa postura.

Finalmente, y te respondo esto sólo a ti, espero que no se te ocurra salir a hablar contra las personas trans, en serio si sigues haciendo eso en público lo siguiente va a ser que voy a abrir una cuenta de Twitter, retomar el Facebook y responderte en público, esto ya no es simplemente tu postura televisiva, afectas a Robyn, lo que es inaceptable. No pretendo exigirte que cambies de opinión, cada quién es dueño de sus ideas y tienes derecho a pensar lo que quieras, pero tus acciones sí tienen efectos sobre los demás y ya no puedes seguir con discursos así pretendiendo que no pasa nada.

Insisto, si quieres que te ayude a entender del tema o qué está mal en este artículo te ayudo con mucho gusto, pero en serio no creo que te interese aprender del tema, sólo veo que te interesa negarlo, como si con eso pudieras cambiar la realidad.

Los autores:
Michelle A. Cretella, M.D.
President of the American College of Pediatricians
Quentin Van Meter, M.D.
Vice President of the American College of Pediatricians
Pediatric Endocrinologist

Paul McHugh, M.D.
University Distinguished Service Professor of Psychiatry at Johns Hopkins Medical School and the former psychiatrist in chief at Johns Hopkins Hospital.

Los dos primeros no son psicólogos o psiquiatras ni nada relacionado con la mente, el último es un ultra fanático religioso sin ninguna credibilidad, que curiosamente siempre es la fuente de referencia en todas estas cosas y que refutaban en el vídeo que te pasé hace un tiempo que asumo que no viste porque estos mismos puntos eran refutados y ahora los planteas como consistentes. Ahora también que veo, esto es lo mismo que mandaste del colegio de pediatras que te refuté la vez pasada y te aclaré por qué era basura para cualquiera que se interesa en la realidad, en lugar de buscar referencias a lo que ya piensa para no salir de su burbuja.

Te repito, considero que no vale la pena mi tiempo ya con la base del firmante, alguien que siempre se ha opuesto a los derechos LGBT y siempre con posturas bastante despreciables que además niegan la realidad y que no avala ninguna institución seria con relevancia en el tema, pero si de verdad te interesa avísame y te refuto con detalle cada punto... de hecho estoy considerando seriamente abrir un canal de YouTube y dedicarlo a eso. En español casi no hay nadie que se dedique a refutar la basura que recircula como meme en internet.

---

30 de noviembre

Alexito,

Eres tan obstinado y te ciegas tanto a la realidad que no te has fijado que el párrafo en negritas que criticas pertenece a la **Asociación Americana de Psiquiatría** y se encuentra en su **Manual Estadístico y Diagnóstico de Desórdenes Mentales**. Son ellos los que catalogan a los transgénero y transexuales como pacientes de DISFORIA DE GENERO.

Y el Colegio de Pediatras de los EEUU tiene un nivel científico alto y respetable como para ser tachado de dogmático y ellos son los autores del pronunciamiento que les envié donde se reconoce que el sexo es biológico y el género es psicológico-cultural y puede verse condicionado o determinado por factores externos que desvían al individuo de la norma. NO hay estudios que indiquen la existencia de un tercer sexo y que éste sea determinado genéticamente.

Me da la impresión de que te crees poseedor de la verdad y de que nunca darás tu brazo a torcer simple y llanamente para llevarme la contra. Sólo intenté mostrarte que HAY CIENTÍFICOS QUE PIENSAN DIFERENTE QUE TÚ, mi querido Lalito.

Te quiero!

Ma,

La disforia de género es la incomodidad con el género con el que se vive y que se manifiesta de muchas formas negativas en las que no vale la pena profundizar, ese es el diagnóstico ¿te preocupaste en averiguar cuál es el tratamiento más efectivo recomendado por la APA y demás instituciones relevantes con voz en el tema? Lo que se recomienda es que la persona haga una transición y viva de acuerdo al género con el que se identifica y luego de eso la disforia de género desaparece (salvo casos en que el rechazo es consistente y se mantiene la tensión).

El colegio de pediatras de EEUU no es el colegio de psicólogos, respecto a su campo de acción no tendría problema en callarme la boca, pero la psicología no es su campo de acción.

Luego, parece que tienes confundidos los argumentos:

1.- Nadie postula terceros sexos como argumento de nada (ya te lo había dicho)

2.- Todos reconocen que el género es algo cultural

Pero parece que lo que tú no reconoces es que no existe otro forma reconocida de afrontar la disforia de género que funcione aparte de la que se recomienda actualmente. Todos los intentos de terapias de reconversión terminaron peor que donde empezaron y generalmente en suicidios, vale decir que los suicidios se mantienen altos en la comunidad trans, pero desaparecen por completo en entornos donde la persona es aceptada y tratada con respeto como cualquier miembro de la sociedad. Si te interesara el bienestar de los trans promoverías eso. Por otro lado, el que el individuo esté diferenciado de la norma ¿qué tendría de malo? Estás cayendo en una falacia *ad populorum*. Lo relevante es que el individuo sea feliz, las normas son irrelevantes para efectos argumentativos, en todos lados hay casos que salen de la norma y que se deben analizar en sí mismos, que algo sea común no necesariamente hace que tenga que ser una regla para todos los casos.

No se trata de llevarte la contra, se trata de que como tú dices HAY CIENTÍFICOS QUE PIENSAN DIFERENTE QUE TÚ, son la mayoría, son los que tienen estudios de respaldo y sus posturas coinciden con las de todas las instituciones relevantes en psicología y psiquiatría. Que haya un científico que opina algo no es más que falacia de autoridad si este no tiene un respaldo en evidencia (no lo tiene). Tú sólo miras el puñado de científicos que piensan como tú y que no tienen ningún tipo de reconocimiento, más aún miras artículos que distorsionan completamente los argumentos para llevarlos en su sentido. Como te dije, el único psicólogo que firma es un sujeto completamente desacreditado por mantener posiciones que está comprobado que son falsas.

Como te digo, si te interesara escuchar argumentos, te desmenuzo y refuto paso a paso esa declaración, pero no siento que realmente te interese cuando simplemente posteas lo primero que confirma tus sesgos sin siquiera averiguar.

Hijo querido,

El pronunciamiento del Colegio de Pediatras es a nombre de TODO EL COLEGIO, no de un científico a nombre propio...y por si no lo sabes, los pediatras son MÉDICOS y tienen sincero interés en la salud integral de los niños.

Pero como a ti no se te puede decir nada que vaya en contra de tus ideas, ya sabía que ibas a darle duro al pronunciamiento...

¡No conozco nadie más fanático que tú en la defensa de sus ideas ... sin duda me quedo chica a tu lado! lol!

Así que como esto me agota y no me lleva a ninguna parte, dejo la conversación aquí y por favor no me respondas nada más sobre el tema que, como diría la Dra. Polo, ¡es CASO CERRADO! lol!

Te quiere mucho tu Ma

---

6 de diciembre de 2016

Ma,

Los pediatras son médicos cuya especialidad no guarda ninguna relación con salud mental, identidad, socialización, comportamiento, ni nada que pueda aplicar para emitir juicio respecto a si la teoría de género es más o menos válida. No está en su campo de estudio, así como los psiquiatras no van a atender la salud física de un niño ni tienen estudios al respecto. Para aclararlo voy a preguntar en el grupo *Whatsapp* de los Injoques, donde el tío Falconí es pediatra, si mal no recuerdo.

Yo no presento ningún fanatismo, te respondo con argumentos y si desacredito tus fuentes es porque no tienen ninguna credibilidad y te explico por qué, ya te lo había explicado la vez pasada pero no te interesó escucharme esa vez y no lo haces ahora.

Lo cierto es que quien no manifiesta ningún interés en escuchar a la otra parte eres tú, te presenté varios argumentos y ni siquiera te molestaste en comentarlos por cortesía, ni siquiera tienes claro que es la disforia de género y pretendes emitir juicios de valor, tomas lo que te digo como personal y redundas en que debería tomar tu fuente como cierta y relevante, aunque te expliqué por qué no lo es. Te ofrecí más información, pero no te interesa, solo te interesa aquello que confirma tu postura errada o, siendo tan científico tu interés ¿te has preocupado en ver estudios o instituciones que con estudios proponen lo contrario?

Yo no te hablo en base a los estudios que encontré en internet y me gustan, la posición que tengo es la posición de los colegios de psicólogos y facultades de universidades que se dedican a estudiar el tema, no de un grupo profesional cuyo campo de acción no se relaciona más que tangencialmente. También conozco gente trans, ellos son personas concretas, no son ninguna ideología y verifican que su vida es mejor luego de su transición, que con eso la disforia de género disminuye o desaparece.

Para cuando estés interesada en poner a prueba tus puntos de vista y leer lo que te escribo, me avisas. Si prefieres seguir con tu actitud egocéntrica y cerrada en tu burbuja mejor abstente de comentar sobre cualquier tema en el que estemos en desacuerdo, me cansa argumentarle a la pared, de hecho, anticipándome a que no me prestarías atención es que no le dediqué más tiempo a tu artículo.

Vale decir, el tema de menores de edad entiendo que todavía es polémico entre psicólogos y psiquiatras, pero hasta donde sé se está verificando que es positivo para estos pocos casos que en la adolescencia siguen identificándose con un género diferente al de su sexo biológico, pero más allá de eso tu artículo es un ataque general a los trans, casi no menciona nada que se relacione a la infancia o adolescencia.

A mí también me cansa argumentarle a la pared, hijo.

Por eso he decidido no discutir el tema contigo de ahora en adelante.

No hay posibilidad de que aceptes ningún otro punto de vista a no ser el único que defiendes como válido.

Tú eres tan fanático como yo...en eso nos parecemos.... pero tú estás en un extremo y yo en el otro...

De todos modos, te quiero y siempre te querré.

Ma,

La diferencia entre mi posición y una pared es que yo respondo a lo que tú argumentas y te doy razones para analizar mis posiciones (cosa que aparentemente no notas ni lees). Tú simplemente respondes diciendo que me cierro a escucharte sin atender ninguno de los puntos que te levanto ni nada de lo que trato de explicarte. Yo he cambiado de posición sobre éste y muchos otros temas durante mi vida, alguna vez estuve en tu posición, pero eventualmente me di cuenta de que era una posición equivocada y estoy abierto a cambiar mis posiciones en cualquier tema con suficiente evidencia.

Con gusto te doy las razones por las que considero tu punto de vista equivocado y la evidencia que respalda mi posición, yo no estoy en ningún extremo, yo estoy en la posición avalada por las instituciones relevantes en el tema y por los estudios vigentes, tú estás del lado que niega lo que éstos dicen, que niega la realidad que tiene a la mano porque quiere mantener sus creencias religiosas vigentes.

Ojalá despiertes de tu letargo y cambies, porque ya no se trata de una discusión intelectual de temas lejanos que no nos tocan, ahora son temas que nos tocan directamente y cerrarse a la evidencia no aporta nada.

Yo también he cambiado mi manera de pensar en temas de diversa índole, inclusive políticos y religiosos a lo largo de mi vida, hijo querido.

No es que no quiera entender tus razones. Es que yo creo que partimos de diferentes plataformas. Yo soy una mujer de fe, una fe sólida y tú estás alejado de la fe.

Hablamos lenguajes distintos. Yo hablo el lenguaje espiritual. Y te ruego respetes que tengo todo el derecho del mundo a creer en lo que creo y a ser una cristiana practicante entregada a una misión y un ministerio.

Te quiere mucho tu Ma

Ma,

Tu lenguaje espiritual se mete entre tú y la realidad y eso es nocivo. Tu fe te mantiene en una posición que es verificable que genera daño y no te interesa en nada entender el daño que haces. Plantéate esto, que es el razonamiento de muchos creyentes:

1.- Dios es bueno

2.- La postura anti-gay y anti-trans, es verificable que hace daño, la evidencia es que en las sociedades donde se integran a estos grupos los suicidios de ambos se reducen, el bienestar en general aumenta y se vuelven más productivos para la sociedad. Por otro lado, la postura de marginar a gays y trans nunca consiguió nada, sólo aumentar los suicidios, la violencia anti LGBT y la marginalidad en estos grupos.

3.- Si Dios es bueno y es verificable la premisa # 2 ¿Por qué Dios se pondría en una posición que aumenta la infelicidad?

Puedes tener fe en lo que quieras, pero tu fe no cambia la realidad y la realidad es que Robyn es trans, las personas trans existen y si no comienzas a cambiar tu visión al respecto vas a terminar sufriendo y distanciándote de todos.

Un abrazo,

Alex

7 de diciembre de 2016

Yo amo a mi hijo y siempre lo amaré. El que no esté de acuerdo con lo que hace y lo que va a hacer con su vida es diferente.

Cuando yo me iba a casar con Owen ustedes 3 me dijeron que no aprobaban mi decisión, pero no por eso dejaron de quererme, ¿verdad?

Tu razonamiento sobre Dios parte de creer que yo tengo una postura anti-gay o anti-trans y eso es falso. Tengo muchos amigos gays a los que trato muy bien y a tu hermano lo trato con mucho amor, tanto así que vive bajo mi techo y no le falta nada. Converso con él de todo un poco, lo ayudo en lo que necesite y le brindo afecto con abrazos diarios. Él no puede acusarme de mal trato o marginación. Me podrían acusar de eso si lo hubiera echado de la casa y no lo quisiera ver...ahí sí podrían reprocharme como lo haces, Alex.

Anoche, en el canal, grabé un aviso promocional para una comedia teatral gay porque un amigo gay me lo pidió como un favor, y lo hice con mucho gusto. Si yo fuera anti gay huiría de los gays como del demonio. Pero nunca he hecho eso ni lo haré.

Así que ya basta de tratar de convencerme de cambiar mi visión cristiana del asunto. Yo NO voy a tratar de convencerte de ser cristiano tampoco.

¡Muchos cariños!

Ma,

Te lo repito: Tu postura, aunque pretendas que no es anti-gay o anti-trans, la verdad es que si lo es aunque sea más "light" porque dificulta la integración de estos grupos y promueve su marginación.

Aunque tu postura anti-trans sea más light comparada con personas que echan a sus hijos de la casa, lo cierto es que si rehúsas aceptar la identidad de Robyn vas a terminar alejándote igual.

El que estuvieras con Owen era bastante diferente, en ese caso el cuestionamiento no era a tu identidad ni a ti como persona, era a él o a lo más a tu elección, que sería equivalente a que critiques a una pareja de cualquiera de los 3 pero no equivalente a que no reconozcas nuestra identidad.

En serio espero que puedas ir flexibilizando tu postura, te va a hacer más daño a ti que a nosotros si no lo haces.

Alex con uno de sus perritos. Él y su esposa Cossete tienen tres.

ALEX CONFIESA SU SECRETO

|—————————————————————————|

01/01/2017

¡Hola familia!

Quiero comenzar el año comentándoles mi experiencia de fin de año.

Ayer recibimos con Cossete el año en casa de unos judíos ortodoxos, pensé que los ortodoxos eran donde las mujeres se cubrían totalmente como las que alguna vez vi en Miami y el hombre tenía la barba tradicional y el gorrito raro, pero creo que mi clasificación estaba equivocada, es decir, no sé lo que creerían, pero se vestían normal, él se afeitaba y no usaba gorro.

Estuvimos ahí con ellos, una pareja de amigos cercanos, el hermano de mi amigo con su enamorada, los 2 judíos y sus 2 hijas, una tendría 1 año, la otra ya unos 4 ó 5 y era la que tenía más energía de todos.

Cuento corto comimos rico, la pasamos bien, conversamos, nos sacamos fotos y la niñita se colaba en las fotos y se juntaba con todos, fue bien entretenido. A pesar de que no me conocían me invitaron a su casa, me trataron con cariño y me integraron al grupo y a la familia.

La cosa es que cuando nos estábamos yendo me desplomé, rompí en llanto y no lograba más que balbucear, no lograba pararme, tuvieron que venir a levantarme Cossete y los 2 amigos cercanos con los que vinimos. Para darles las proporciones, no me desplomaba así desde que falleció papá y vi que bajaban su ataúd del carro para llevarlo a la misa. Considero que soy una persona fuerte, pero esto fue más grande que yo.

Ahora se dirán, y qué diablos pasó, no he contado nada que sea fuera de lo común como para esa reacción ¿no? Y efectivamente, ese fue el core del asunto.

Ma, asumo que ya te la olías, y ahora te lo confirmo: yo soy trans, este viaje lo hicimos como Alessia y Cossete, como uno de los múltiples pasos en este complicado proceso.

Al recibir un trato cordial, humano y regular de alguien a quien no conocía, el que habría recibido como Alex, se me vino el mundo encima, se me vino todo el estigma que cargo, todos los prejuicios y la discriminación, aprendí a lidiar con ellos hasta el punto en que pensé que no me importaban, pero fue más bien la cordialidad y el trato humano lo que me hizo darme cuenta del daño que me hacen. Con ellos mi identidad de género fue irrelevante, nunca fue tema, yo me alejaba de la niña porque en el fondo sentía que los padres probablemente preferirían que no me acerque, que en el fondo con aguantar mi presencia en su casa ya tenía que sentir agradecimiento, pero para ellos no era tema, no me invitaron a pesar de ser trans sino como habrían invitado a cualquiera y la niña era súper cariñosa. Los niños no saben discriminar si los padres no les enseñan y en algún momento me di cuenta de que no tenía que alejarme de ella y todo bien. Me di cuenta de lo mucho que cargo, lo mucho que me marca, lo distante que me vuelve y cómo hace que sea alguien que no quiero ser.

Cuando te hablo sobre el daño que hace tu posición religiosa anti-gay y anti-trans a la gente, pues es ese el daño que hace que sintamos que no merecemos un trato humano y que cada persona que conocemos que nos trata como pares es algo de lo que hay que estar agradecidos y, como quien no tiene confianza, no abusar y tratar de ser distante, tener poco contacto, como quien solo agarra un sanguchito de la mesa llena de comida por vergüenza, para no incomodar y porque no se siente en confianza porque ¿cómo un desconocido iba a quererme en su casa si soy Trans?.

No te había contado esto según yo porque desconfío de tu capacidad de guardar secretos, pero puede que en el fondo fuera porque ya estoy lidiando con mucho y no quería sumarle más presión y estrés a este proceso. Probablemente en marzo o abril lo cuente en el trabajo y antes de eso a amigos y al resto de la familia entre enero y febrero, todavía no está definida la fecha, pero lo concreto es que es un proceso de una sola dirección, no puedo seguir mintiéndome, se vuelve autodestructivo, por más que tuviera plata, viajes y una esposa que me ama no era completamente feliz. Ya saben Guille, Robyn, Javier, Raül, Felipe y parejas, aunque de contarle a este último y su pareja si que me arrepiento, son más cuadriculados de lo que ya creía (ya con que fueran antisemitas debió ser una pista) y vale sumar que también saben algunos amigos.

Dicho eso, de verdad me gustaría que cambies tu forma de pensar, no se me ocurre otra forma de que podamos tener una relación porque ya decidí que no quiero tener que seguir mendigando un trato humano y respeto. Y paso mucho estrés por Chile como para importar problemas de Miami. Analiza que si Dios es amor no debería ser usado para promover discriminación, generar daño y multiplicar dolor, no debería promover que te alejes de tu familia.

Ahora, igual entiendo que el proceso va a ser complicado para ti, si prefieres llámame Ale que también es diminutivo de Alejandro y usa palabras sin género (ejemplo: feliz en lugar de contento/a), tú eres hábil con el lenguaje, no te debería ser complicado. Piensa y siente con empatía antes que dogma, con tu *golden rule* antes que "Levítico" y tal vez encuentres un camino por el que podamos establecer una relación normal en la que irte a visitar sea algo que me dé gusto.

De verdad espero que logres procesar el tema. Por favor no le pidas ayuda a tu pastor en esto, él es la fuente del problema, las páginas cristianas que sueles frecuentar tampoco te van a ser de ayuda. Si acaso revisa que en los grupos trans hay reuniones exclusivas para familiares sin el familiar trans para que conversen con otras familias y compartan experiencias o busca páginas cristianas pro-LGBT o bueno, ve tú. También te reconfirmo y vuelvo a ofrecer que si de verdad tienes interés te desmenuzo, explico y reexplico por qué esa carta de los pediatras es solo basura sin respaldo científico.

Bueno, ya no quiero hacer más largo esto y bueno, si creyera en Dios sería buen momento para decir que ojalá abra tu corazón, pero quien realmente creo que tiene que abrirlo eres tú misma. Y bueno, cualquier cosa que quieras preguntarme estoy disponible, de hecho, prefiero que me preguntes a que te quedes con lo que te dicen en tu iglesia, la única condición es que preguntes con respeto, sin ser condescendiente y sin cuestionar la honestidad de lo que te digo.

Si quieres despedirte de Alex (cosa que racionalmente no tiene sentido pero que a nivel psicológico es un proceso que se asemeja a asimilar una muerte), si vienes en el viaje con Guille o antes de abril todavía va a haber un Alex de quién despedirse.

Un abrazo,

Ale

Alex y yo el día de su matrimonio en Lima, Perú

2 de enero, 2017

Dear Ale,

La primera parte de tu carta sobre la familia judía me produjo una alegría profunda porque los judíos son el pueblo escogido de Dios y esto te demuestra que hay gente que vive su fe plenamente. OJO: Si uno de ustedes trajera a mi casa para Navidad a un trans o a un gay yo lo trataría con amabilidad. Los cristianos no marginamos a los LGBT que se acercan a nosotros, con lo que no estamos de acuerdo es con la promoción de un estilo de vida que no corresponde con nuestros valores y principios morales. Yo tengo muchos amigos y conocidos gays en los canales de TV y las peluquerías.

Robyn ha sido acogido en esta casa con el mismo amor de siempre y ya he dado el gran salto de llamarlo como quiere ser llamado. Puedo hacer lo mismo contigo, Ale, pero necesito que entiendan cuánto me duele lo que está sucediendo con ustedes dos.

Yo traje al mundo 3 hijos varones y desde mi perspectiva espiritual Dios no se equivoca cuando crea a un ser humano hombre o mujer. Por favor no me discutas este punto porque ni tú me vas a convencer a mí ni yo te voy a convencer a ti. Sólo es la expresión de mis sentimientos y creencias.

Tengo unas pocas preguntas para empezar ya que estamos hablando con la verdad y nada más que la verdad:

1) ¿Fueron Robyn y tú violados o abusados sexualmente de niños por algún adulto o chico mayor (o de la misma edad) en el colegio o barrio?

2) ¿Fuiste tú el que convenció a Robyn de que es trans?

3) ¿Qué va a pasar con tu matrimonio? ¿Qué cree y siente nuestra Cossete?

Como le digo a Robyn, mi amor incondicional de madre siempre estará incólume para él y para ti también, Ale.

Un abrazo lleno de cariño,

Ma

Hola Ma,

Primero respondo tus preguntas:

1) ¿Fueron Robyn y tú violados o abusados sexualmente de niños por algún adulto o chico mayor (o de la misma edad) en el colegio o barrio?

- Yo sólo puedo hablar por mí y no sufrí ningún tipo de abuso. Si Robyn sufrió algo no lo sé. Conozco ya a muchas personas trans, sólo conozco a un hombre trans que sufrió abuso cuando vivía como mujer y a una mujer trans que se prostituye porque la botaron de su casa y no encontró otra forma de trabajar... aunque eso si bien podría ser abuso no explicaría lo trans porque fue posterior. Igual no descarto que podría haber casos porque los abusos no son algo que te pases contando, pero lo cierto es que asociar abusos con la identidad de género no pasa de ser entre un meme religioso o un intento por explicarse bajo patrones que aplicarían para el promedio cosas que se explican más fácil al entender que no todos somos iguales y hay excepciones al promedio.

Si Robyn me preguntara si es buena idea ser trans o si tuviera dudas le diría que no haga nada, es pésima idea si tienes alternativas, de hecho, todavía le recomendaría que haga más lento su proceso, pero cada quién vive la disforia de género de forma diferente y no estoy en su cabeza cómo para entender exactamente cómo se siente, en qué le afecta y qué piensa.

2) ¿Fuiste tú el que convenció a Robyn de que es trans?
- Nunca le comenté nada respecto a mí ni promoví que fuera trans, de hecho en algún mail bastante tiempo atrás creo que le respondí que era una mala idea o algo así y que no espere apoyo económico, si te parece necesario busco el mail y te lo reenvío para que te convenzas, igual deberías tener claro ya a estas alturas que la identidad de género no se puede promover, sino ¿cómo existirían personas trans en una sociedad en que ser trans es una mierda? ¿crees que no he sentido estos años que si pudiera evitar ser trans sería más fácil?

Nuestros procesos fueron independientes y la verdad es que no creo que te sea difícil de creer porque nunca he tenido una relación cercana ni con mis hermanos ni contigo como para que tuviera suficiente confianza conmigo para tratar el tema o a la inversa, no le sugeriría a nadie que fuera trans. Ahora me wasapeo un poco con ellos, pero re-re-repoco, de hecho, siguen sabiendo mucho menos de mí que los amigos que saben, Guille nunca ha visto una foto mía y a Robyn le mandé una hace poco por insistencia.

3) ¿Qué va a pasar con tu matrimonio? ¿Qué cree y siente Cossete?

Cossete es mi mayor apoyo, es quien entiende más de primera mano lo que he pasado y mi proceso, ha llorado conmigo varias veces y siente de primera mano mi dolor, también es la primera que nota cómo este proceso me hace feliz, pero al mismo tiempo para ella es duro de forma diferente, ella enfrenta su propio proceso. Respecto a lo que depara el futuro es difícil predecir cómo las cosas irán a afectarnos, ella sufre también el rechazo que yo sufro y bueno, ella no se identifica como lesbiana cómo para que le entusiasme el cambio, pero estamos tratando de que funcione. Para sobrevivir tenemos que reinventarnos, algunas parejas lo logran y otras no, lo único que sé es que en este momento ni ella ni yo queremos separarnos.

Por el resto que mencionas, el que recibas a alguien LGTB en tu casa y lo trates bien sería un avance y por ejemplo te pregunto, para que respondas honestamente, ¿invitarías o te parecería buena idea invitar o que un amigo invite a alguien LGBT un día en que está tu nieto o nieta de 5 años? Para esta pareja judía no fue tema, pero sé que en el mundo del prejuicio para muchos sería un problema. Ahora, así la respuesta fuera positiva no compensa que estés promoviendo cosas que van contra los derechos o que estén repitiendo cosas como que somos dañinos para los niños o que promovemos cosas que son dañinas para los niños. Nadie promueve ser gay o trans, no se puede promover más que lo que se logra eliminar, sólo se ha procedido en la psicología a trabajar la aceptación después de décadas de fracaso tratando de "corregir" a quienes somos diferentes para que nos adecuemos a una norma, como si tener una población uniforme y ser igual al resto fuera símbolo de virtud y requerimiento para ser moralmente aceptable.

Toca también preguntarse cuánta de esta frustración que acumulaba la desquité con Robyn, cuánto influyó en que fuera una persona huraña y distante, cuánto me empujó al ateísmo (que para mí es positivo, pero lo menciono porque presiento que para ti no lo es), cuánto influyó en mi relación distante con todos, porque la verdad es que ni con papá fuimos cercanos y con ustedes. Sólo podría ser más distante si me mudo a China. Según mi psicólogo es común que las personas que guardan secretos muy grandes se vuelvan distantes.

De paso, para mencionar cómo me afecta tu discurso contra los derechos LGBT, cómo no hay matrimonio gay en Chile para poder solicitar rectificación de DNI tengo que divorciarme ya que a falta de matrimonio gay no está permitido ese trámite para alguien casado y cómo no hay ley de identidad de género, luego de divorciarme, dependería de la buena voluntad de un juez para que me autoricen el cambio de nombre y sexo en el DNI luego de un laaaaargo trámite. Mientras cada vez que haga un trámite van a mirarme raro, dudar si soy yo, pensar que estoy suplantando identidad, negarme un trabajo, hacerme problemas en el baño o permitirse tratarme como hombre para humillarme en algún establecimiento.

Respecto a esta frase:

"Desde mi perspectiva espiritual Dios no se equivoca cuando crea a un ser humano hombre o mujer. Por favor no me discutas este punto porque ni tú me vas a convencer a mí ni yo te voy a convencer a ti"

Voy a hacer un único intento desde otro ángulo, asumiendo que Dios existe para no entrar a ese detalle de la discusión que creo que no va a ser productivo ¿podría ser que tú estás equivocada respecto a lo que Dios piensa, cree y cómo nos crea? ¿qué te lleva a pensar que tu interpretación de lo que quiere Dios sería más exacta que ver lo que ocurre en su creación? Porque lo cierto es que acá estamos las personas trans, en todas las sociedades, en todas las épocas y por más rechazo que enfrentamos y terapias intentadas no hay nada que nos "corrija" porque no hay nada que corregir. Simplemente somos diferentes y tratar de forzarnos a encajar en un molde sólo nos hace infelices. Nadie se hace trans porque un día despertó con ganas de leer un libro llamado "ideología de género" y luego se volvió trans porque le pareció buena idea lo que decía ese libro.

No conozco nadie trans que no haya luchado contra su identidad antes de llegar a la conclusión de que es mejor aceptarse para luego darse cuenta, viviendo sin negarse a sí mismos, que ésa, en efecto, es la mejor decisión que pudieron haber tomado (de hecho, por más mierda que enfrento sigo considerando que es lo mejor que pude decidir).

Te aseguro que, si no fuera por todo el rechazo que se enfrenta, eso sería incluso más obvio y se hace notorio en países como en Europa donde ser trans no es un estigma o al menos es tan diferente al rechazo de Sudamérica y del EEUU republicano. Probablemente si hubiera crecido en un entorno como el europeo, como ocurre con las nuevas generaciones, no habría esperado a los 35 años para llegar a esta conclusión.

En todo caso tendrías que preguntarte, si Dios me hizo, crecí con padre y madre heterosexuales y cristianos, no sufrí ningún trauma, tuve sexo heterosexual sin problemas, amigos, amigas, siempre fui aceptado y querido por mi entorno y la sociedad ¿qué diablos podría ser eso que me acompaña y atormenta desde que tengo uso de la memoria? Porque claramente por los 80s no había ningún estímulo pro-trans ¿no sería más razonable pensar que Dios me hizo así? Te pediría que consideres la posibilidad que el error esté de tu lado y de quienes piensan como tú, así como estaba del lado de quienes creían que Dios no quería que las mujeres trabajaran, votaran o quienes decían que Dios estaba del lado de la esclavitud porque la biblia lo decía. Si quieres verlo por otro lado, en la Biblia se oponen al divorcio y a nadie se le ocurriría cuestionar la necesidad de éste, ya ni siquiera a ti con tus 3 "A" del divorcio, las que no sé cómo habrás conciliado con la Biblia que no las menciona.

Además, sin ir a lo que creas, el discurso anti-LGTB aunque tú lo apliques como moderado siempre servirá como excusa y respaldo para quienes quieren promover odio y marginación. Al decir que los gays no se pueden casar inmediatamente se incluye una afirmación de que ellos como pareja son menos que una pareja hetero, al decir que las personas trans no se pueden cambiar de nombre y sexo en el DNI (como pasa en varios lugares de Sudamérica) o repetir que somos antinaturales, que vivimos en pecado ¿crees que no nos hace cargar una pesada mochila todos los días? ¿crees que no fomenta que nos miren de menos? ¿crees que no autoriza a que nos rechacen o despidan? Y eso que mi caso es light comparado con otros, en el grupo trans se ven historias muy tristes ¿por qué alguien elegiría un camino tan lleno de miseria? Porque ni siquiera se justifica por sexo, los gays consiguen pareja más rápido que las mujeres trans hetero (a quienes les gustan los hombres) quienes sufren tremendo estigma y los hombres trans no tienen pene o si se operan su funcionalidad es muy limitada, así que te podrás imaginar cómo los limita sexualmente con mujeres hetero, más conveniente para ellos sería mantenerse simplemente como mujeres lesbianas.

Ahora, entiendo que el proceso es difícil para ti, eso no quiero minimizarlo, incluso en familias liberales es difícil, como te digo es casi como un proceso de afrontar la muerte de un ser querido, que por un lado es más fácil porque afortunadamente luego de un tiempo te das cuenta de que no ha muerto, pero más difícil porque te toca acompañar todo el estigma y el rechazo en lugar del apoyo que te acompaña cuando alguien fallece.

Luego en escenarios conservadores es peor, tú también estás influenciada por toda la mierda que nos tiran todos los días y creo que buena parte la crees y no sé si lo habrás analizado, pero apenas se haga más público vas a cargar parte del estigma, muchos y sobre todo entre conservadores cristianos se preguntarán qué clase de madre eras, si nos abusó papá o por lo menos tendrán pena de una forma condescendiente de que, a pesar de que eres buena persona y su justificación no se relaciona a inculparte, te tocó pasar por esto y no te lo merecías, eres al final una víctima con hijos pecadores, anormales, desviados o algún otro adjetivo despectivo equivalente que te hacen sufrir este calvario y van a rezar para que seamos normales aunque eso eventualmente nos haga infelices.

Verás por ejemplo que el tío Felipe parece que no quiere que vayamos a reuniones familiares Injoque... así que, a no ser que sus otros hermanos lo pongan en su lugar, podría darse el escenario en que tengas que elegir ir sola o sólo con Guille o ausentarte en solidaridad, rechazo que no experimentarías si no fuera por todo el estigma que se promueve sobre el tema. También te imaginarás que ya no voy a poder ver nunca más a tu mamá y no sé si podré volver a ver a Julio después de mi breve visita en enero, sobre los demás Alegría ni idea, así que ahí no digo nada.

My dear Ale,

Entiendo lo difícil que debe ser para ti y para Cossete vivir esta etapa.

Admiro tu valor de salir del closet, pero es cierto que probablemente no te van a aceptar en Chile y tal vez sea mejor que esperes a hacerlo cuando llegues a Canadá.

En cuanto a "Toca también preguntarse cuánta de esta frustración que acumulaba la desquité con Robyn"...no me parece que una cosa tenga relación con la otra...tú fuiste prepotente con tu hermanito desde que nació, cuando tú tenías sólo 5 y no creo que sintieras la frustración de no poder ser trans -por temor a nuestra reacción- a esa tierna edad. ¿No es acaso verdad que los niños trans que nacen biológicamente varones se comienzan a comportar como niñas desde muy pequeños como algo natural? Ni Robyn ni tú manifestaron nada durante la primera infancia que nos hiciera suponer a tu padre o a mí que tenían problemas en esa área...y a esa edad no se finge, el comportamiento es espontáneo.

Luego dices "cuánto influyó en mi relación distante con todos, porque la verdad es que ni con papá fuimos cercanos y con ustedes. Sólo podría ser más distante si me mudo a China, según mi psicólogo es común que en personas que guardan secretos muy grandes se vuelvan distantes"... Esa fue siempre tu opción y seguirá siendo tu opción, nunca la nuestra...a mí me gustaría que me llamaras y me escribieras más...siempre lo quise...además de ser independiente siempre fuiste distante conmigo y no quise imponer mi presencia en tu vida...yo he sido y soy muy respetuosa de la individualidad de mis hijos, sobre todo si ya están casados.

En cuanto a tu frase "en la Biblia se oponen al divorcio y a nadie se le ocurriría cuestionar la necesidad del divorcio, ya ni siquiera a ti con tus 3 "A" las que no sé cómo habrás conciliado con la biblia que no las menciona" tendrías que estudiar la Biblia para reconocer que mis tres "A's tienen fundamento bíblico (Adulterio: Mateo 19, Abandono: 1 de Corintios 7:15, Abuso o violencia doméstica: Éxodo 20:13).

Qué pena lo que me cuentas de tu tío Felipe...pero la pregunta clave es: ¿Por qué no puedes vivir tu identidad femenina discretamente, más en privado que en público? ¿Por qué no puedes vestirte unisex y usar pelo largo para salir y trabajar, pero sin tener que llamar la atención? El estigma es para los que lucen raramente llamativos y sobre todo para los mariquitas que coquetean con hombres (inclusive casados) en la calle...

pero tú no eres uno de ellos.

Yo también lo dejo hasta aquí...tu padre hubiera sufrido mucho con todo esto...tu abuelo Julio no debe enterarse...mi mamá está muy delicada de salud y tal vez parta muy pronto al encuentro del Señor y mis hermanos son más flexibles y modernos y seguramente los aceptarán... ¿y cómo crees que reaccione la familia de Cossete?

Te quiere tu

Ma

Hola Ma,

Primero comento sobre lo que escribiste:

"Toca también preguntarse cuánta de esta frustración que acumulaba la desquité con Robyn"...no me parece que una cosa tenga relación con la otra...tú fuiste prepotente con tu hermanito desde que nació, cuando tú tenías sólo 5 y no creo que sintieras la frustración de no poder ser trans - por temor a nuestra reacción- a esa tierna edad... ¿No es acaso verdad que los niños trans que nacen biológicamente varones se comienzan a comportar como niñas desde muy pequeños como algo natural? Ni Robyn ni tú manifestaron nada durante la primera infancia que nos hiciera suponer a tu padre o a mí que tenían problemas en esa área...y a esa edad no se finge, el comportamiento es espontáneo..."

Nuevamente no puedo hablar por Robyn, pero en mi caso recuerdo sentir la disforia desde temprana edad pero sabía con certeza que era algo inaceptable y que tenía que rechazar por completo, por eso me rehusaba a usar el mandil y las medias del nido que creo que tenían un pompón rojo o algo rojo, porque las consideraba femeninas y sabía que tenía que enterrar eso lo más profundo que pudiera, también recuerdo haberme puesto tu ropa y saber que tenía que tratar de ocultarlo lo mejor posible porque era inaceptable cosa que también debes recordar tú porque a esa edad no era realmente capaz de tapar mis rastros ¿cómo llegué a esa conclusión de que era inaceptable a tan temprana edad? no lo tengo claro, pero lo cierto es que los niños absorben estos códigos del ambiente. Respecto a que se relacionara al maltrato nunca podría ser la única explicación, pero pudo ser algo que sume, en realidad en cualquier escenario es especulación y tienes razón al decir que no hay cómo sustentarlo así que mejor omitamos esa parte.

En cuanto a mi distancia de la familia, no digo que sea por falta de interés de parte de ustedes, pero cuando las principales preocupaciones de tu vida son tabúes ¿qué puedes compartir? ¿cómo no hacerte distante? con ustedes. Suma que además se oponían al sexo y me repitieron mucho tiempo que lo ideal era que tuviera una enamorada y no tuviera sexo hasta el matrimonio, pero no me cabe duda que este gran secreto me ha mantenido distante de todo el mundo, tanto familiares como amigos, la única conexión que lograba hacer era intelectual y creo que eso me empujó también por ese camino, ahora siendo Ale estoy haciendo amistades cercanas como nunca las había hecho.

"Qué pena lo que me cuentas de Felipe...pero la pregunta clave es: ¿Por qué no puedes vivir tu identidad femenina discretamente, más en privado que en público? ¿Por qué no puedes vestirte unisex y usar pelo largo para salir y trabajar, pero sin tener que llamar la atención? El estigma es para los que lucen raramente llamativos y sobre todo para los mariquitas que coquetean con hombres (inclusive casados) en la calle...pero tú no eres uno de ellos."

Cuando Felipe hizo su pataleta en el chat ya él y Caro lo sabían, eso no evitó que dijera que los LGBT somos anormales y deberíamos sentirnos agradecidos porque no nos rechacen por completo y guardar silencio. Luego, nunca he escuchado de gays que se dediquen a coquetearle a hombres hetero por la calle, no sé si será algo que pasa allá realmente en proporciones relevantes o un meme estereotipo. Más allá de eso el estigma es para todos, obviamente a mí no me interesa coquetearle a nadie, menos a algún hombre, ya que no me interesan, pero estar viviendo una doble vida no es aceptable, te carga también con el secreto y la mentira distanciándote de la gente, además del miedo de que salga a la luz, no es algo sostenible en el tiempo.

No sé qué ejemplo exactamente ponerte, pero asumo que sería cómo que te vayas a vivir a un país musulmán y tengas que usar burka, ser sumisa, de bajo perfil y rezarle a Alá en público y sólo en privado ser cristiana y tener personalidad. No es realmente sostenible y no creo que nadie pueda ser feliz así, yo tampoco. Respecto a esperar a Canadá tampoco es posible, tengo que jugármela a que me indemnicen o seguir trabajando, la salida del closet es muy estresante y desgastante como para hacerla al mismo tiempo que un MBA, además de que probablemente sea un factor decisivo en mi relación con Cossete y postergar esto creo que es duro para ambas.

Sobre los abuelos en efecto no creo que sea buena idea decirles, igual voy a confirmar lo de Julio con Javier y Raúl, lo dejo a su criterio porque algo que me molesta es tomar una actitud paternalista y decidir por él como si fuera un niño, pero me involucra demasiado cómo para ser imparcial así que delegaré la decisión.

Tus hermanos se enterarán cuando lo haga público y sobre

cómo reaccionaría papá es complicado y muy especulativo, yo siempre creo que por su lado científico jamás se habría vuelto creacionista, de hecho su tesis de doctorado se basa en la antigüedad de la cordillera de los andes, recuerdo que me repetía que no tome la Biblia literal, que Adán y Eva eran solo una leyenda y creo que consideraba cierta la evolución porque cuando Jeremy fue a contar sus anécdotas con su clase de biología hablamos del tema, me decía que lo que importaba era el amor, Jesús, la moral y siempre fue una persona muy empática que, aunque definitivamente no era ni un pelo pro-LGBT, es difícil predecir cómo lo habría impactado el tiempo y los eventos, él no llegó a vivir en esta época en que hay más información y algo menos de estigma.

No existe nadie a quien no le duela tener hijos trans, es siempre un proceso complicado, pero es un proceso que cuando toca vivirlo, así como quienes tienen hijos gays, cambia corazones y formas de ver el mundo o distancia por completo, asumo que más probable lo primero que lo segundo en el caso de papá.

Ya ahora soy un libro abierto por si quieres saber más de mí y según cómo vayas en el proceso si quieres fotos del viaje te las puedo wasapear, Cossete sólo colgó posts de los 3 días en que salí como Alex que considerando que estuvimos 25 días es bien poco, el primero fue para que paren de joder en el FB, el segundo porque se malogró el agua caliente y el tercero en el Vaticano donde no quería arriesgar el día con algún problema anti-trans, aunque luego me di cuenta que probablemente no habría tenido problemas, el resto de las fotos están guardadas hasta que salga del closet y actualice mi Facebook, antes de esto nunca sentí realmente interés en subir fotos o sacarme fotos, incluso con Cossete. Creo que sólo me tomaba cuando ella me pedía y con ustedes. Recordarás que si podía no salir en ninguna para mí era mejor.

Me asalta una duda fuerte, mi Ale:

¿Y por qué has tenido relaciones sexuales con muchas chicas antes de Cossete y por qué te casaste con Cossete si te sentías mujer?

Nunca me di cuenta de que usabas mi ropa hasta la noche en que nos lo confesaste a tu papá y a mí el 31 de Diciembre del 2002.

Te faltó responder a mi pregunta sobre la discreción: ¿Hay mujeres que usan jeans y polos unisex... por qué no puedes vestir con moda unisex? ¡Te expones a echar hasta tus logros laborales y profesionales por la borda si te vistes con falda y te maquillas porque vas a parecer un travesti!

¡Te quiero y quiero tu bien, mi Ale!

Ma,

Identidad de género no es lo mismo que orientación sexual, no me atraen los hombres sino las mujeres como podría ocurrir con las lesbianas, de hecho, entre las chicas trans de Chile, en materia de orientación sexual, la estadística es 40% mujeres, 40% hombres 20% indefinida. Si hecho mis logros laborales al tacho de basura es porque me discriminan, no por otro motivo, no por mi culpa y es por eso que planeo emigrar.

Sobre la discreción te lo dije en el ejemplo de la burka y por otro lado a la gente le resulta más conflictivo alguien andrógino que alguien trans. En general no se exige socialmente que las personas trans sean modelos, sino que se adapten a los modelos femeninos establecidos independientemente de que caigan en las categorías de atractivas o feas. Igual yo creo que ya estoy pasando medio piola, al menos en el viaje hice pegar un salto en

ALESSIA

más de una oportunidad a quien atendía cuando me pidieron mis documentos.

¿Hay chicas trans en Chile, Ale? ¿Quién publica esas estadísticas?

No entiendo la parte en la que dices que en tu trabajo en Chile te discriminan... ¿quiere eso decir que ya lo contaste?

No entiendo tampoco por qué tanto afán de hacerlo público.

Cuando dices que producías reacciones en la gente que veía tus documentos... ¿eso significa que ya te has maquillado y vestido de chica? Eso es algo que no voy a poder aceptar por quien sabe cuánto tiempo y ya se lo dije a Robyn también... ¿no será que eres del grupo de los *cross dressing* y no trans porque te siguen gustando las mujeres?

Si yo fuera una cristiana viviendo entre musulmanes y usando burka no haría pública mi creencia religiosa, sino que la daría a conocer a las personas de buena voluntad que se me acercaran con respeto y que merecieran conocerme mejor... ¡porque si saliera con mi Facebook a pregonarlo me matarían! La discreción es algo valorado en la sociedad para la convivencia pacífica.

Sí hay chicas trans en Chile, Ma, también chicos trans. La estadística no es oficial, es de una encuesta interna del grupo de apoyo, que son una ONG y tienen contacto con la mayor parte de la población trans de Santiago y de regiones. No pretendo que sea representativo a nivel mundial, pero es un número a tener en cuenta.

Creo que no lees con mucha atención lo que te pongo, podrías leer bien antes de responder, siento que filtras lo que lees. Te dije que este viaje lo hicimos como Alessia y Cossete, me he presentado 22 de los 25 días del viaje como chica trans sin ningún problema. Como te decía, una cosa es identidad de género y otra orientación sexual, no es sólo *crossdressing*, los *crossdressers* en general se sienten bien siendo hombres y no necesitan ni contemplarían vivir como mujeres.

Respecto a que me discriminen en el trabajo es una suposición, todavía no cuento, pero no me cabe duda de que así no me boten va a impactar en mi carrera y el impacto sería netamente por discriminación.

"¡Si yo fuera una cristiana viviendo entre musulmanes y usando burka no haría pública mi creencia religiosa, sino que la daría a conocer a las personas de buena voluntad que se me acercaran con respeto y que merecieran conocerme mejor...porque si saliera con mi Facebook a pregonarlo me matarían! La discreción es algo valorado en la sociedad para la convivencia pacífica."

No estoy hablando sólo de tu creencia, por favor lee bien lo que te escribo cuando tengas tiempo antes de responderme. Me refería a que tengas que negar completamente tu personalidad y comportarte de forma sumisa, reservada y ser alguien que no eres, yo no ando contado que mi posición es atea. Pero eso de valorar la discreción es sólo conveniente cuando quieres que los demás sean discretos ¿acaso no se cortan las venas los cristianos todos los años cuando les piden decir *Happy Holidays* en vez de *Merry Christmas*? En escenarios como éste la discreción que se exige no es más que censura enmascarada que sólo se exige a los grupos minoritarios o sin poder, por el contrario, los cristianos hoy en día reclaman su derecho a expresar su cristianismo discriminando sin que nadie les reclame discreción, por ejemplo reclamando el derecho a no venderle a los gays o rehusarse a casarlos.

Respecto a que aceptes que me presente como mujer, como te dije (y creo que no leíste) te quedan sólo unos meses para despedirte de Alex, luego de eso voy a dejar de presentarme de forma masculina, no es que quiera presionarte, pero es lo que va a ocurrir, no vivimos en la misma zona postal así que no vas a tener que verme y en el mail no hay fotos, pero en Facebook ahora sí voy a empezar a actualizar y compartir mi vida y obvio que si quieres que te visite no va a haber otra forma en que lo haga, también si quieres saber de mí no vas a poder evitar el tema ya que si no te cuento sobre esto, que es lo más relevante que está pasando en mi vida, realmente no tengo mucho más que contar, hoy todo gira en torno a mi transición.

Lamento dejarte tan poco tiempo para que lo asimilaras, pero la verdad ya estaba lidiando con mucho y no quería sumarle más dificultades al proceso. Te aseguro que dentro de las dificultades que crees que enfrentas, no son ni la sombra de lo que he tenido y voy a pasar.

Hijo de mi corazón,

No entiendo por qué quieres usar el Facebook ahora cuando NUNCA antes le diste la menor importancia y nos dijiste que no le encontrabas sentido... ¿Por qué hay que publicarlo a los 4 vientos? ¿Por qué no pueden mantener el asunto a nivel de quienes los vean en persona en su interacción diaria? Yo era de contarlo todo y ventilé mis noviazgos con Chuck y con Owen en Facebook y luego algunos me juzgaron cuando terminé con ellos...entonces entendí que mi vida privada es privada y sólo uso el Facebook para informar de mis actividades públicas porque soy una figura pública.

Quisiera que Robyn y tú entiendan que yo parí 3 hijos varones y que no me va a ser posible dejar de decirles "Hijito" que es la forma cariñosa en que siempre los he tratado...siento que son hombres intentando ser mujeres y tarde o temprano se darán cuenta que para ser mujer se necesita mucho más que vestirse y maquillarse como una de ellas... Hay una sensibilidad femenina directamente ligada a la posesión del útero, al sacrificio de la menstruación y a la posibilidad de concebir, albergar una criatura en el vientre por 9 meses y parirla... ¡Tú eres demasiado racional y argumentativo, Ale...defiendes tu postura como abogado! Si estudias la psicología femenina te darás cuenta que la mujer no es un ser tan racional como el hombre...de allí que ni siquiera ahora, cuando hay igualdad de derechos, las mujeres destacan tanto en campos del saber como la matemática y la lógica como los hombres...el cerebro femenino tiene más desarrolladas las áreas de la inteligencia emocional y el lenguaje...los hombres son animales racionales y las mujeres emocionales...las diferencias se inician en la configuración cerebral y luego se reafirman con la crianza y la cultura....Yo te veo como un ser racional, lógico y orientado a cumplir objetivos. Para mí no tienes ni nunca has tenido nada de femenino.

¿No te has puesto a pensar que tal vez tu hermano y tú tienen algún trauma de niñez basado en la ausencia de la figura paterna y la fortaleza de la figura materna? Ustedes crecieron rodeados de mujeres "fuertes" y los hombres, por más que fueran buenos, brillaron por su ausencia...tu padre se la pasaba fuera de casa por causa de su trabajo como geólogo… eso puede haber propiciado tu IDENTIFICACIÓN con el rol de la mujer en el hogar.... ¿por qué no puede ser una causa psicológica la que genere la disforia de género? ¿Y de ser así, no es mejor tratar y corregir ese problema psicológico en vez de ingresar al mundo de la discriminación y sufrimiento que el transexualismo conlleva?

No me respondiste sobre la familia de Cossete. Particularmente creo que si ya sabías que tenías este problema NO deberías haberte casado... ¿o acaso lo sabía ella antes de casarse? Si la amas de verdad entenderás que su felicidad debería ser tu prioridad y no sólo la tuya...el matrimonio los ha llevado a ser UNA SOLA CARNE y no puedes a estas alturas venir a pasar por alto ese factor tan importante en tu vida: ¡eres un hombre CASADO y el bienestar de ella debería contar tanto o más que el tuyo propio!

---

4 de enero de 2017

Ma,

Nunca actualicé el FB porque las principales cosas que quería compartir no podía compartirlas, ahora ya voy a tener algo que compartir y que quiero compartir, ya voy a ser yo quien salga en las fotos, ya me gusta tomarme fotos, así que me interesa actualizarlo. Vale decir que no es Facebook público como el tuyo, es sólo para amigos y familiares que se interesen de ser contactos míos, obvio que haría *unfriend* a mi abuela Beba y demás a quienes no les voy a contar antes.

En cuanto al asunto de la sensibilidad femenina, contrario a lo que puedas creer yo soy bastante emocional. Cossete puede dar fe de ello, lo que ocurre es que siempre he reprimido mis emociones, siempre he reprimido mi identidad, siempre he sido distante. El racionalismo es en buena parte aprendido como herramienta para tratar de llegar a personas que por la vía emocional o por la fe no te van a entender por la dificultad que representa ponerse en el lugar de alguien tan diferente. Yo tengo necesidad de explicarme lo mejor posible y eso me ha llevado a esta capacidad de redacción, argumentación y racionalismo, además de que explicarme desde el lado emocional hace que termine lagrimeando, lo que sólo logra incomodar a todos a mi alrededor. Nadie nace con el método científico en sus neuronas, no es excluyente de las mujeres, no sé cuál será la proporción, pero en las reuniones ateas hay abundantes mujeres igual de racionalistas que yo.

En realidad, ninguna habilidad es excluyente entre sexos, sólo varían las proporciones, igual no soy sólo hábil en números, también sobresalía en letras, teatro, baile y probablemente me habría ido bien en literatura si no fuera por terquedad, luego del colegio me dediqué más a los números, lo que marcó la diferencia, pero en verdad me gustaban muchas cosas hasta el punto en que algún momento, no sé si recordarás, pero pensé en estudiar comunicaciones. También te recuerdo que en el mundo del derecho las mujeres abundan y hasta diría que son más que los hombres. Es fácil que asocies que nunca tuve nada de femenino porque cualquier característica femenina que tuviera la trataba de enterrar lo más posible, incluso cosas que serían no tan femeninas, pero pudieran relacionarse tangencialmente las enterraba lo más posible.

No hay ninguna persona trans que pretenda que ser trans sea equivalente en todos los sentidos al sexo biológico, es sólo un tema de identidad y vivencia. Pretender que la capacidad de concebir es lo más importante excluye inmediatamente a todas las mujeres que no quieren o no pueden tener hijos. En mi día a día cada vez es más gente la que me trata en femenino y es algo que sólo va a ir en aumento, personalmente considero que genera un mayor descuadre tratar a personas trans de acuerdo a su biología que de acuerdo a su vivencia y la identidad que proyectan. Si te presentas como mujer, te tratan como mujer entre amigos, te trata como mujer la sociedad ¿hay que aclarar que una biología que no es perceptible en estas interacciones sería el mayor determinante? Diría que es cada vez más amplia esa percepción.

Sobre el por qué hay gente trans, podría ser una causa psicológica o biológica, no está determinado, aunque entiendo que cada vez más la evidencia apuntaría a la segunda. De todas formas, así supuestamente fuera un origen psicológico es algo que no tiene ninguna cura identificable, no genera ningún daño a las capacidades mentales ni ningún problema que no se relacione a la discriminación ¿podría ahorrarme la discriminación?

Acá la respuesta ya es más filosófica, podría lograrlo sólo a costa de eliminar mi identidad ¿en quién me convertiría si modifico una característica que me define tan profundamente? Sea quien sea no sería yo, tendría que matarme para que viva alguien más en mi lugar. Además, la verdad es que esa "cura" no existe, todas esas terapias reparativas han probado oscilar entre estafas y basura perjudicial para quien se meta a éstas, no hace que las personas dejen de ser gays o trans, sólo refuerzan el odio hacia sí mismos (que no deberían tenerlo porque no es nada malo) y la represión, quienes deberían cambiar son quienes pretenden cambiarnos, es por el odio alrededor que la vida de los gays y trans es más difícil, no por ser gays o trans.

La familia de Cossete todavía no sabe, probablemente se le diga en este viaje a Lima pero eso, por más que le ofrezca mi apoyo, es algo que depende de ella. Cuando me casé estaba en negación, ella ha sabido tanto como yo en cada momento. Si estoy afrontando esto con su apoyo es porque hay un convencimiento de ambas de que nada va a funcionar por la vía de la represión, de hecho, nuestra relación estaba atravesando uno de sus peores momentos antes de que aceptáramos esto. Ninguna relación puede mantenerse a costa de la felicidad de uno de sus integrantes, me interesa mucho su bienestar, pero ya era obvio que ni su bienestar ni el mío mejoraban si me pasaba todo el día entre mal humor y frustración. Es cierto que para ella es durísimo, si pudiera viajar en el tiempo o si hubiera nacido en esta época probablemente habría tomado otras decisiones, pero dada esa imposibilidad sólo podemos decidir hacer lo mejor con lo que tenemos y dentro de eso creo que vamos razonablemente bien.

5 de enero de 2017

En todo caso, Ma, creo que lo que más te agradecería es que releas y prestes atención, tengo la idea de que tú filtras y sólo lees de forma rápida aquello que no te incomoda o incomoda menos, que no es un sesgo extraño pero dada la importancia del tema te agradecería que hagas un esfuerzo por leer y tratar de entender en serio.

Retomando los comentarios en torno al FB, en el escenario musulmán ¿compartirías fotos con tus amigos en que estás con una burka? ¿dónde no se puede distinguir que eres tú? creo que ese debe ser el ejemplo más práctico y simple que se me ocurre para que entiendas lo del Facebook.

Y ahora que releo, disculpa si esta vez fui más cortante, trato de ser lo más cordial posible pero también me desgastan estas discusiones. Igual la argumentación es honesta, creo que el desgaste me regresó al estado debate y me impidió suavizarla.

Nuevamente, estoy disponible para tus preguntas, pero trata de omitir juicios sobre mi relación de pareja, que creo que ésos son los que me quitan la tranquilidad.

Sé que te cuesta un mundo, pero ¿sería tan difícil que trates de ver las cosas desde el otro lado? En cada cosa que me quieres exigir parece que no entiendes en absoluto lo que es estar del otro lado, parece que no entendieras las implicaciones de lo que me pides.

Claro que estoy leyendo tus emails con detenimiento y cuidado, sin filtrar nada, Ale.

Lo que pasa es que mis creencias religiosas y espirituales están muy arraigadas en mi alma y no puedo modificar mi percepción más profunda de tu problema. Perdóname, pero creo que tu decisión es egoísta porque no estás considerando el daño que vas a producir en la vida de otras personas, especialmente en la de tu esposa. Le vas a destruir la vida a Cossete, Ale.

Cuando su familia se entere va a ser un golpe muy duro también. ¿Qué padres quieren para su hija una situación tan atípica? Si ustedes siguen juntos el sacrificio de Cossete sería tipo mártir. Si ustedes se separan siempre quedará en ella el dolor del fracaso, un fracaso basado en el engaño. Estás poniendo tu felicidad por encima de la de ella. Tú conoces que éste es un tema de moral, no sólo religioso. El verdadero amor todo lo soporta por el bienestar del ser amado. El rol del esposo es sacrificarse por su esposa.

Por otra parte. Te ruego contemples la posibilidad de posponer tu salida del closet en las redes sociales hasta que tengas un año viviendo la realidad que estás eligiendo, si persistes en ella. Tal vez a mitad de la experiencia te des cuenta de que cometiste un error y puedas dar marcha atrás. El daño de hacerlo público puede ser irreparable, también a nivel de tu carrera profesional y futuro económico porque otras personas pueden publicar fotos tuyas en sus muros y tus jefes presentes y futuros hacen una simple búsqueda y se enteran. Mantener todo en privado por un año puede ser una solución muy buena para una transición pacífica y suave. Piénsalo, please.

Aunque no lo quieres ni te guste, estoy orando por ti y tu hermano todos los días a toda hora para que Dios mismo se les revele y dejen de negarlo.

Te quiere mucho tu

Ma

Date cuenta de que mi posición no pide nada de ti que refiera a tu vida personal y ni siquiera me interesa cambiar lo que forma parte de tus creencias en tu aplicación personal, a lo más exijo respeto, mientras que tu posición pretende exigir comportamientos de terceros y dar una carga moral para quienes no se ajustan a lo que crees y no sé si todavía seguirás en eso, pero me perjudica directamente tanto tu oposición al matrimonio gay como tu oposición a la inexistente ideología de género, que realmente no es más que una oposición a las personas trans enmascarada a una oposición a una ideología para que no parezca que son discriminadores a secas.

Lo dejo acá para que tengas tiempo de procesar y meditar. Pero la verdad es que mientras no aceptes la realidad no voy a tener nada que contarte sobre mi ni vamos a tener nada de que conversar porque lo principal que pasa en mi vida se centra alrededor de esto y probablemente siga siendo así durante un largo periodo.

---

6 de enero de 2017

Ma,

¿Dónde registraron mi nacimiento? Necesito mi partida para el trámite de nacionalización acá en Chile ¿dónde la registraste?

---

6 de enero de 2017 a las 5:09 p.m.

My dear Ale,

Recordé que tenía guardado tu librito de recuerdos de tu primer año de vida y encontré toda la información sobre el registro civil.

Fuiste registrado por tu padre el martes 13 de julio a las 11 30 am

FOJAS 1789 LIBRO #6 de la Municipalidad de San Isidro

Y he llorado a lágrima viva revisando ese librito que me trajo hermosos recuerdos de ese precioso varón que traje al mundo un 4 de julio. ¡Yo no sé qué hice mal para padecer lo que ahora vengo sufriendo…dos de mis hijos hombres, dos de tres!... los 3 recibieron tanto amor...tu padre y yo pudimos equivocarnos en muchas cosas, pero siempre les dijimos cuánto los amábamos y les manifestamos amor de muy diversas maneras, con hechos, no solo con palabras. Fuimos una familia normal y feliz y ustedes vieron cómo su padre y yo nos amábamos, cuán fieles nos fuimos mutuamente y cuán fieles fuimos a nuestros valores y principios.

Me duele. Imagino que a Cossete le duele aún más. Lamentablemente tus decisiones sí afectan a otros, Ale, y de manera dolorosa.

Espero que por lo menos reconsideres lo de mantener el perfil bajo por un año.

Una mujer NO es la ropa que usa ni el maquillaje que se pone. No entiendo por qué no pueden vivir su lado femenino sin tener que hacer gala de exhibicionismo.

Todos en la vida tenemos alguna cruz que llevar. Hay gente que nació sin brazos, sin piernas, sin vista, sin poder hablar o escuchar y logran vivir, asumiendo sus limitaciones, sin sentirse víctimas.

Ma,

¿Tú crees que esto lo hago para que sufras? Te cuento que no eres el centro del mundo.

Mira, Cossete que es quien de verdad va a ser afectada nunca me ha recriminado nada, no me dice que no debería ser trans, menos me dice que nunca voy a ser mujer y entiende bien que su felicidad no puede ser a costa de la mía.

Por tu lado nada de lo que yo haga te afectaría si no tuvieras creencias irracionales, tú eres la que elige creer que mi felicidad está mal y que es mejor que sea infeliz bajo tu dogma que feliz fuera de éste. Yo no te obligo a eso así que asume tu responsabilidad por tus creencias y lo que te hacen sufrir en lugar de pretender que yo me adecúe a ellas a costa de mi felicidad. Estoy más feliz conmigo que nunca, no voy a cambiar esto porque tus creencias sin base en evidencia digan que está mal.

También te cuento que subir fotos a FB no es exhibicionismo, tú subes fotos a FB ¿te consideras exhibicionista? lo que ocurre es que tú quieres que viva debajo de una piedra para que nadie sepa que existo. Eso no va a ocurrir, voy a hacer esto completamente público (familiares, amigos y conocidos) para dejar claro que no me avergüenzo de ser quien soy y que quienes se deberían avergonzar son quienes pretenden que me esconda (te debería dar vergüenza pedirme eso).

Sobre la cruz deberías partir leyendo tu párrafo y dejar de hacerte la víctima. Yo no me hago la víctima, yo puedo señalar actitudes verificables de grupos que se oponen activamente a que tenga derechos y aun así no centro mi vida en eso sino que elijo luchar para superar las dificultades, aun así si tu sufrimiento podría ser por la discriminación que podrías sufrir de rebote por tener parientes trans, la verdad no sería del todo injusto porque es lo que tú vienes promoviendo, sería karma (si creyera en eso).

No tiene sentido llevar una cruz por amor al sufrimiento cuando se puede elegir no llevarla y ser feliz, si la cruz fuera que Cossete tiene algún problema y necesita ayuda la llevaría, pero dejar de ser feliz porque mi felicidad no se adecúa a tus creencias es inaceptable cuando se soluciona con que adecúes tus creencias a la realidad y seas feliz también.

Mira esto como una oportunidad, esto puede hacer nuestra inexistente y apática relación más cercana o terminar de separarnos. Yo estoy acá, la decisión es tuya, lo único que tienes que hacer es madurar un poco y entender lo que muchos entendimos hace rato, que si tus ideas te hacen infeliz no es bueno aferrarse a éstas, mejor observar la realidad y redefinirte en base a ésta.

Yo siempre he querido tener una relación cercana contigo, Ale, el que no la ha querido ni buscado has sido tú.

Pero, así como me pides respeto hacia una decisión que no comparto, te ruego respetes que no hay nada ni nadie más importante para mí en esta vida que Dios y que mi relación con Él es mi prioridad # 1. Para mí Jesús es el Hijo de Dios, mi Señor y Salvador y soy fiel seguidora de sus enseñanzas. Como tú has perdido la fe, no puedes entenderme, pero por favor no me pidas que deje de ser quien soy: cristiana, ante todo y sobre todo, cristiana. Esa es mi identidad. ¿Quieres que yo acepte la nueva tuya a cambio de que deje de lado la mía?

Yo estoy dispuesta a no predicarles. En realidad, creo que ya dejé de hacerlo hace algún tiempo, pero verlos vestidos de mujer y aceptarlo supondría reconocer que Dios se equivocó. Dios me dio 2 hijos con genitales masculinos, con voces de hombres, vellosidad en todo el cuerpo como los hombres, facciones de hombres y que se comportaron como hombres hasta hace muy poco y que ahora quieren desconocer su sexo biológico. Me duele mucho. No podrás entenderlo, pero por lo menos acepta que siendo yo la que los llevó en el vientre 9 meses y los trajo al mundo tengo el derecho a sentirme consternada y dolida.

Ma,

Como te dije en un mail anterior, no te culpo por no tener una relación cercana, el hecho es que no la tenemos. Pero inevitablemente tengo que pensar que el que no vayamos a tener una relación cercana va a estar altamente influido por tus creencias y actitudes contra los derechos gays y trans que son mis derechos, los de algunos familiares y los de varios de mis amigos. Me es imposible tener una relación cercana con alguien que cree que somos ciudadanos de segunda clase que deben tener menos derechos, que nuestras relaciones de pareja no son verdadero amor y que somos una ideología perversa que pretende pervertir a los niños. Yo no te pido que dejes de creer porque sí, sino porque de esa creencia viene toda la infelicidad que relatas y no porque yo decida ser quien quiera ser mientras busco mi felicidad que es algo que está fuera de tu control y no es ético que exijas. Si tu felicidad depende de que los demás y la realidad se adecúen a tus creencias tienes un problema tú, no el resto.

Además, no compares una identidad con una creencia, mi posición es atea y creo firmemente que es lo mejor y más ético y nunca converso del tema, incluso me casé con una creyente por la iglesia y fui a las charlas matrimoniales. El año nuevo lo pasé con 2 parejas cristianas y una judía ortodoxa con quienes el día anterior fuimos a un show de Drag Queens en el barrio gay. Nunca critiqué sus creencias y nunca propusieron que yo estaba mal ni que el matrimonio gay era inmoral ni menos que yo debía ser hombre para que ellos puedan ser felices. El que tu elijas una posición religiosa que pretende forzar sus creencias en los demás es un reflejo de tu personalidad que se excusa en tu fe, no al revés. No excuses tu intolerancia en tu fe que no todos los cristianos son como tú.

En este proceso es inevitable que te aflijas porque implica de alguna forma despedirse de alguien, pero lo que siento es que tu problema va mucho más allá de eso porque pretende exigir mi infelicidad para que tú seas feliz, cosa que por ejemplo Cossete cuya vida se afecta directamente no me exige. Por eso es que no respeto tu aflicción y tengo que decirte que, asumiendo que Dios existe, no creo que Dios haya hablado contigo y te dijera cuál era su plan y su exigencia para mi identidad y expresión, no digas que tu incapacidad de aceptar las cosas se debe a una exigencia de un Dios que sabes bien que no te ha dado ninguna instrucción diferente a las que quieres creer para que se adecúen a lo que ya piensas. Si Dios tiene un plan, se debería leer en la realidad que supuestamente es controlada por él, no debería depender de que se omita la realidad que es su creación y él controla para poder sostener la creencia en él.

Toma en cuenta cómo hablo completamente en neutro para tratar de no presionarte y créeme que en estas respuestas soy bastante *light* con tus creencias, pero no las compares con la identidad, que tú decidas darle un rol central a tus creencias es una elección y se verifica en que son muchísimas las personas que cambian sus creencias durante su vida, por el contrario la identidad de género y la orientación sexual no son elecciones, por más que por décadas se han tratado de "curar" las "desviaciones" nunca se logró y sólo ahora con aceptación e integración es que se está logrando bienestar en estos grupos humanos.

Hijo mío,

Mi felicidad no depende en lo más mínimo de que otros se adecuen a mis creencias.

Ya te he dicho varias veces que tengo amigos gays y hasta les ofrezco consejería gratuita sobre sus problemas amorosos cuando estoy en el *make up room* de los canales... pero otra cosa muy distinta es aceptar que quieran legalizar una unión a la que van a llamar "matrimonio" y que inclusive lo quieran hacer religioso. Para los cristianos el matrimonio es una institución sagrada creada por Dios que bendice la unión de un hombre y una mujer. Punto. No tengo nada que decir sobre sus uniones civiles y que a esas uniones se les otorguen más derechos. *Go ahead with that!*

Por otra parte, si alguno de mis amigos gays viniera a mi casa lo trataría con el mismo cariño que trato a cualquier heterosexual. Pero ustedes NO son mis amigos, ustedes son mis hijos. Yo los concebí y aún antes de nacidos sabía que iban a ser HOMBRES, como su padre, y su padre y yo los criamos como tales. Y no me entra en la cabeza como quieren ser mujeres si se sienten atraídos sexualmente por las mujeres. ¿O es que me están mintiendo para dorarme la píldora y son también gays?

En mi barrio hay decenas de mujeres judías vistiendo largas faldas y mangas largas en pleno verano de Miami, cubriéndose todo el cuerpo. Imagino que no se deben sentir muy "felices" al respecto. ¿Tendrían derecho a ser infelices solamente por compararse con las afortunadas latinas en bikini en la piscina del edificio? ¡Seguro que sí! Pero no conozco ninguna judía rebelándose contra esto para luchar por su felicidad individual. ¡LA ROPA NO HACE AL MONJE!

Yo siempre he querido tener una relación cercana contigo, Ale, pero sería bueno que reflexiones sobre quién debe sentir gratitud y dar el primer paso. Mira el ejemplo mío con relación a mi madre: Ella era mucho más dominante y controladora de lo que yo soy. Desde que te casaste he respetado tu matrimonio y no me he metido para nada en tu vida. Mi madre me decía todo lo que tenía que hacer y hasta se metía a reordenarme mi casa y closet cuando yo trabajaba y ella vivía con nosotros. Pero soy una hija agradecida y ahora que ella está viejita y enferma la llamo todos los días para escucharla y ella se siente amada. Los padres sacrificamos mucho por los hijos. Son los hijos los que tienen que velar por sus padres cuando ellos van entrando a la ancianidad y demostrarles gratitud.

Tu padre y yo les dimos todo lo que un niño podía necesitar para ser feliz, sobre todo y ante todo AMOR y me duele que ni tú ni Robyn sean agradecidos. (Sí, ya los estoy llamando como desean, a ti Ale y a tu herman@ Robyn).

Y en cuanto al tema de mis creencias religiosas que según tú no DEFINEN quién soy, debo decirte que MI IDENTIDAD ESTA EN CRISTO JESÚS. Por esto los cristianos creemos que, cuando aceptamos a Jesús como nuestro Salvador, NACEMOS DE NUEVO.

Bien lo dice el apóstol Pablo en dos de mis versículos preferidos:

"De modo que, si alguno está en Cristo, nueva criatura es; las cosas viejas pasaron; he aquí, todas son hechas nuevas." (2 de Corintios 5:17)

"Con Cristo he sido crucificado, y ya no soy yo quien vive, sino que es Cristo quien vive en mí. Y la vida que ahora vivo en el cuerpo, la vivo por mi fe en el Hijo de Dios, que me amó y se entregó a la muerte por mí." (Gálatas 2:20)

Ma, el matrimonio al que se refieren los gays es al civil que se hace ante el estado y, como ya te expliqué, tu posición afecta a terceros y pretendes que se adecúen a tus creencias oponiéndote a que puedan acceder a los mismos derechos que tienes tú bajo el mismo estado, oponiéndote a que puedan ser felices. Igual, a pesar de que esa misma posición refleja lo que te digo, me refiero principalmente al intento de culparme y manipularme por lo infeliz que te hace que a mí me haga feliz algo que te parece inaceptable por dogma. Si eres infeliz porque lo que me hace feliz no se adecúa a tu dogma, porque la realidad no se adecúa a tu dogma, el problema es de tus creencias, no mío.

Nuevamente, una cosa es orientación sexual y otra identidad de género, las lesbianas no necesitan sentir atracción por hombres para identificarse y ser identificadas por la sociedad como mujeres, para las mujeres trans es equivalente. Nuevamente hablando exclusivamente por mí, no me atraen los hombres y no lo digo porque te traiga tranquilidad, si te darás cuenta no he mostrado en ningún momento en este intercambio interés en suavizarte la realidad, sólo te suavizo el lenguaje con el que la explico. Que nos hayas dado a luz no quiere decir que tengas derecho a exigir que vivamos nuestras vidas bajo tus reglas.

Tu comparación con las mujeres judías es bastante mala. Se nota que no acostumbras que desafíen tus ideas, para empezar usar esa ropa es su elección así como lo sería dejar de usarla, si la usan por algún motivo aparte de su propia convicción es una muy mala razón y si alguna se rebelara y decidiera usar bikini, cosa que seguro ha pasado muchas veces, no te enterarías porque eso no sería noticia en ningún lado y de todas formas, el que alguien haga algo no implica que sea virtud ¿cuál sería la virtud de sufrir por vestir una ropa? yo no creo que sea virtud sostener una creencia porque se cree, por el contrario considero una virtud cuestionarse las creencias y modificarlas para que se adecúen a una ética basada en el bienestar o a la realidad según el tipo de idea a la que nos refiramos.

Si yo creyera que lo mejor para mi es negar mi identidad lo haría, pero no veo ningún motivo para pensar que eso me va a hacer feliz y por el contrario me hace muy feliz afirmarla y reafirmarla. Por cierto, no es sólo la ropa, es todo un conjunto de cosas que son las que se identifican con el género, pero nadie está revisando cromosomas o genitales a la hora de tratar a quién está al frente, así que tampoco se maneja con la rigidez que le gustaría a tus dogmas.

En cuanto a tu relación con tu madre es algo que no imitaría jamás, me voy a abstener de ponerle adjetivos a tu madre, pero sabes que no tengo una visión positiva de ella, si tú elegiste aguantarla es tu decisión, pero no me imagino decidiendo igual si tu tuvieras su carácter, asumo que sería una relación más parecida a la que tiene con Gonzalo. Yo no intento alejarme ni dejar de tener una relación contigo, las cosas se dieron así simplemente y no te culpo, pero tampoco pretendas que tu posición contra mis derechos, de algunos parientes y de muchos de mis amigos es irrelevante, personalmente no creo que se pueda forzar cercanía incluso entre parientes, pero en este momento me estoy abriendo completamente a compartirte todo sobre mi vida, ahora eres tú la que no la acepta y marcas la distancia.

Igual te repito, tu posición podría forzarme a elegir a divorciarme de Cossete para poder cambiar mi DNI o a quedarme con mi nombre y género dejándome en exposición a discriminación laboral, que sospechen cada vez que pago algo o retiro dinero o que simplemente usen mi información para intentar humillarme y a Cossete. No me digas que respete tu posición o que me mantenga al margen cuando me afecta directamente de forma negativa y a ti no te afecta de ninguna forma directa y con honestidad, es imposible que eso no sea un tema que nos aleje porque me hace daño directamente y de paso a Cossete.

My dear Ale,

Como parece que no va a hacer posible que entiendas mis sentimientos al respecto, sólo me queda decirte que, aunque no acepte la decisión que vayas a tomar con respecto a tu DNI y a mi querida hija Cossete, siempre te seguiré amando con amor de madre.

No necesito estar de acuerdo contigo racionalmente para continuar queriéndote.

Ma,

Yo entiendo el origen de tu angustia y trato de explicarte que está en ti misma. Creo que tu capacidad de juzgar a los demás y de autocrítica no están equilibradas.

Igualmente, no necesito estar de acuerdo contigo en todo para quererte, pero tus actitudes y acciones hacia los LGTB, grupo del que soy parte, inevitablemente afectan nuestra relación y es contradictorio que digas que me quieres pero que estoy en segundo lugar ante tus creencias que te obligan a tomar posiciones que sabes que hacen daño directo y verificable a personas como yo.

---

17 de enero de 2017

Ma,

Volviendo al tema del colegio de pediatras ¿sabías que esa institución son unos 500 médicos abiertamente religiosos que se salieron el 2002 de la academia de pediatría el americana que se fundó en 1930 y que son como 66000 miembros porque no les daban bola?

Las posiciones de tu institución son decididas por el comité. Ese colegio de pediatras no es más que un grupo religioso que se trata de enmascarar como representantes de los pediatras de EEUU para tratar de embestirse de una autoridad que no tienen. No representan a los pediatras de EE.UU.

Ale, ¿de dónde sacaste esa información? En este país nadie puede abrir un COLEGIO profesional si no representa a la mayoría de los profesionales de la disciplina.

Busca online la info de los 2. Entiendo que en general nada impide abrir colegios profesionales mientras sean profesionales, de todas formas, lo concreto es que los 2 existen, pero el que tú citas carece de representatividad y en general no tiene ninguna actividad de investigación o difusión de conocimiento propias de un colegio profesional.

Acá en el trabajo tengo bloqueado, pero puedes googlear:

American College of Pediatricians vs American Academy of Pediatrics

El primero es una farsa para tratar de que afirmaciones religiosas parezcan científicas y darle fuerza a la posición conservadora contra el aborto, eutanasia, adopción gay, matrimonio gay y reconocimiento trans. Entre sus afirmaciones tiene cosas tan ridículas como ésta:

"Recognizes the physical and emotional benefits of sexual abstinence until marriage and pledges to promote this behavior as the ideal for adolescence." (Reconoce los beneficios físicos y emocionales de la abstinencia sexual hasta el matrimonio y se compromete a promover ese comportamiento como el ideal para la adolescencia.)

Imagino que ni tú pensarás que la mayoría de los pediatras de EEUU cree en eso, ni siquiera la mayoría de los creyentes cree esa afirmación (lo que no implica sostener que el sexo en abundancia y sin control SEA la meta).

Por favor no vuelvas a afirmar que es una organización seria, no pasa de ser una burla a lo que debe ser un colegio profesional.

Ma,

Te paso un vídeo mucho más acotado, sin ninguna referencia atea, en relación a moral y ciencia.

https://www.youtube.com/watch?v=Hj9oB4zpHww

Toma en cuenta que Paty, la esposa de mi tío Raúl, que es lo suficientemente religiosa para estar en la canonización de Teresa de Calcuta, dijo que era muy bueno. Como para que no pienses que es un vídeo para ateos.

Me gustaría contarle todo a mi tío Ciro…Me parece que él, como filósofo, me entenderá y podremos dialogar…

---

18 de febrero

My dear Ale,

Le escribí a tu tío Ciro y me respondió inmediatamente. Aquí te va su respuesta:

Hoy a las 11:57

Querida Ceci, cómo no voy a conversar con Álex, sobre todo cuando se trata de asuntos personales tan importantes como el que mencionas. Me sorprende gratamente que él quiera hablar conmigo esas cosas. Sólo una aclaración: no creo que yo sirva como modelo de conducta para nadie. Eso sería guiarse por apariencias. Nadie es mejor que los demás, como dice mi querido Séneca, nemo *altero melior*. Creo que debo avisarte también que mi postura filosófica es muy favorable a la diversidad de formas de vida y a la libre creación relacional, o recíproca, de opciones de vida buena.

En verdad no me parece malo ni raro que los chicos sean ateos y transgénero. Creo que Diego y José Gabriel van también por ahí, por lo menos en lo de ateos, pero eso no me preocupa. Me preocuparía, me horrorizaría que cometieran crímenes o que se convirtieran en fanáticos de esos que andan seguros de tener la razón y que se creen mejores que los demás, o en banales yuppies que lo único que quieren es lucrar para comprarse cosas cada vez más caras, etc. En general pienso que uno no puede dedicarse a conseguir su propia felicidad. Ese es el camino seguro para idiotizarse. Mi máxima, tomada de Kant, es: *La perfección es para mí, la felicidad es para los demás.*

Me encantaría tener comunicación contigo también, hermanita, sobre las cuestiones que interesan a mis sobrinos, pero te lo digo sin mayores esperanzas, porque tú, como consejera, se supone que sabes de estas cosas y las tienes bien claras.

Ojalá me escriba Álex.

Ceci te abrazo con cariño

Ciro

Ma,

Una cosa que tienes que entender es que las cosas que te contamos, sea el que sea el escenario en que te las contemos, no son para que se las cuentes a los demás que no las saben.

Ya luego le escribo a Ciro.

Saludos,

Ale

Lo siento mucho, sweetheart.

Creí que habías decidido hablarlo con él, que se lo ibas a confiar y por eso le adelanté de qué se trataba.

Pero nadie más de mi familia lo sabe, ni Gonzalo, ni Renata ni mi mamá o Genaro. Nadie.

Te quiere tu Ma

23 de Febrero

Hola Ma,

Que yo le vaya que contar a alguien no implica que tengas permiso de hacerlo tú. De verdad es desesperante tu falta de criterio.

La conversación con Ciro está interesante, vale comentarte que sería productivo que también tengas tu conversación sobre ética y otras cosas con él. Asumo que también descartas una buena parte de lo que te digo por mi posición atea, con él posiblemente tendrías que abordar la discusión de una forma diferente que te abra la mente a cosas que, asumo por miedo, prefieres mantener fuera de tu realidad.

Hi my dear Ale,

Me alegra mucho que hayas conversado ya con tu tío Ciro y que el diálogo sea interesante.

Yo también quiero hacerlo, pero él no ha respondido a mi segundo email (el primero fue para comentarle que le ibas a escribir) y me temo que está tan pero tan ocupado que le va a ser difícil escribirnos a los dos. Voy a Lima entre el 17 y 20 de junio a visitar a mi mami por su cumpleaños que es el 19 y allí intentaré hablar con mi hermano en persona. Él y yo siempre nos hemos llevado muy bien.

¿Cómo va todo en tu trabajo? ¿Ya se enteraron de tu decisión todos los que debían enterarse? ¿Siguen los planes de mudanza a Canadá? ¿Cómo está tu esposita?

En mi trabajo bien, saben que soy trans mi jefa y todos hacia arriba en mi gerencia y la jefa de recursos humanos y todos hacia arriba en su gerencia. Aparentemente soy la primera persona en Cencosud en hacer su tránsito en el trabajo y parece que también soy la primera en Chile... así que al final, sin saberlo, estoy haciendo algo bastante más disruptivo de lo que habría esperado, lo bueno es que aparentemente todo va bien encaminado y tengo la impresión de que Cencosud prefiere aprovecharlo como oportunidad que sufrirlo como problema. Igual está claro que el tema no va a pasar desapercibido, probablemente e inevitablemente va a ser bastante público y bueno, lo veo como algo positivo porque casos como el mío son necesarios para generar cambios en la gente y por extensión en la sociedad.

Sobre Cossete todo bien. El jueves se va a Canadá a estudiar inglés en preparación por si nos vamos, pero según como van las cosas se va haciendo más probable que nos quedemos al menos un tiempo.

Me alegra saber que todo les está yendo tan bien. No descartes la idea de Canadá porque hacer un MBA es muy importante para tu carrera.

Por aquí todo marcha de maravillas, con mucha paz en mi vida personal, familiar y laboral. Y muy buena salud, gracias a Dios.

Te quiere mucho tu Ma.

Con Alex en la Navidad del 2012 en una exposición de figuras de hielo, en Orlando, FL

MI VIAJE A CHILE EN MARZO DEL 2017

De un momento a otro decidí pedir permiso en el empleo y tomarme algunos días libres para volver a mi Chile lindo y querido después de 22 años de ausencia.

Alex me pidió que fuera a conocer su casa en Santiago y a despedirme de él porque en breve se daría a conocer al mundo como *Alessia*. Íbamos a tener una conversación "de corazón a corazón".

Cossete nunca quiso ni quiere hasta ahora participar en nuestros diálogos sobre el tema y respeto que así sea. Lo que importa es que sigue al lado de su espos@, en momentos tan difíciles, demostrando cuánto l@ ama.

Las fotos corresponden al fin de semana en que me llevaron a hacer turismo y a almorzar en restaurantes de comida típica. No me sentí incómoda en presencia de mi hij@ en público, en ninguna oportunidad, porque todavía lucía como hombre.

Y la conversación privada, la noche anterior a mi partida, me dejó convencida de que ninguno de mis posibles argumentos tendría el menor impacto en su decisión. L@ escuché con real atención, sin interrumpir casi, queriendo "sentir" cada una de sus palabras.

Regresé a Miami sin dolor alguno en mi alma. He aprendido a aceptar todo lo que ocurre en mi vida y a fluir con los acontecimientos, a pesar de lo difíciles que puedan ser. Nada me preocupa. Nada me angustia. Nada me atormenta. Fluyo como el agua por donde la corriente me lleve. Y lo hago en paz. La paz de Dios que sobrepasa todo entendimiento guarda mi corazón en Cristo Jesús.

Debo reconocer, eso sí, que por aquel tiempo todavía oraba porque Dios le devolviera su virilidad a mis hijos Alejandro y Rodrigo. Pero los designios del Señor son inescrutables y sólo El sabe en qué terminará esta historia.

De ahora en adelante l@ llamaré "Ale" y trataré de no usar el género masculino al referirme a mi hij@ mayor. Pero no me siento capaz de usar el género femenino tampoco. ¿Podré lograrlo con el tiempo? ¡Son tantas las preguntas sin respuesta!

Lo que sí me queda claro es que mi proceso de apertura mental tiene un componente espiritual que espero mis lectores comprendan mejor al finalizar este libro.

┌MÁS CARTAS PARA SEGUIR ACLARANDO DUDAS┐

Ma,

Aunque creo que el viaje te hizo bien, entiendo que el debate todavía no está cerrado, pero la evidencia que aparece ya apunta con claridad en un sentido: no es una decisión, es algo genético.

Según el Dr. Robert Sapolsky, un neuro endocrinólogo americano, profesor de biología, neurociencia y neurocirugía, autor e investigador de la Universidad de Stanford, la identidad de género es una característica biológica del cerebro en la gente transgénero.

Aquí te paso uno de sus vídeos para que te informes:

www.youtube.com/watch?v=A3C4ZJ7HyuE

Y así como éste hay muchos otros.

Qué bueno que se siga investigando sobre algo tan complejo e indescifrable, mi Ale.

Tengo una duda: ¿Aceptar que el ser o no transgénero depende de lo que pasa en el cerebro en el tiempo del desarrollo del embrión en el vientre materno no es pre-determinismo biológico? Sería lo mismo que decir que un hombre es hombre porque nació con pene, que es algo eminentemente biológico.

Por otra parte, numerosos estudios de la Neurociencia nos confirman que EL CEREBRO CAMBIA A LO LARGO DE LA VIDA. Esto lo confirma la NEUROPLASTICIDAD del cerebro humano. Y hay una autora muy famosa, la neurocientífica Caroline Leaf que sostiene que LA MENTE PUEDE TRANSFORMAR AL CEREBRO. De allí que la gente que escoge pensar tóxicamente termina enfermando su cerebro.

En esta línea de razonamiento, cada quien podría ELEGIR a qué género desea pertenecer, dejando de lado los condicionantes biológicos y anatómicos...y por tanto, un transgénero podría DECIDIR vivir de acuerdo a los genitales con los que nació y ser feliz con su opción.

Ma,

Es cierto que se pueden cambiar muchas cosas en la forma de pensar y de actuar, pero no en todos los casos se obtiene resultados positivos, por ejemplo, hagas lo que hagas no vas a volver a un introvertido extrovertido, podrá aprender a manejarse en público, pero eso no es ser extrovertido.

Para el caso LGBT las terapias de reconversión y diversas "curas" se han intentado desde los 70s fracasando absolutamente, ahora son consideradas tortura y contraproducentes porque objetivamente no hay nada malo con ser diferente ¿cuál sería el motivo para forzarnos a encajar? el problema va de parte de la sociedad que rechaza esas diferencias, no de nuestro lado.

Eso de que cada quien podría elegir el género que quiere me suena más a basura feminista que a ciencia. Lo cierto es que se nace con una predisposición fuertísima en un sentido, tanto así que hay personas trans en países árabes y las hubo en épocas durísimas como la dictadura chilena en que eran perseguidas. No todo en el cerebro es modificable, por ejemplo, el IQ está bastante comprobado que hagas lo que hagas no va a subir mucho, a lo más puedes bajarlo con drogas o flojera.

La verdad es que, aunque en teoría obviamente alguien trans puede negar su identidad toda su vida y elegir vivir con el género asignado al nacer, no veo ninguna razón para hacerlo que no sea arraigada en prejuicio.

Y vale indicar, negar tu identidad no implica que cambiaste tu identidad, no dejaste de ser quién eres, solo eliges no mostrarlo al resto con el respectivo costo personal y el costo colectivo de perpetuar el prejuicio.

Además, si vamos por el lado de la biología o más aún del creacionista, si Dios/la naturaleza me hizo así, ¿por qué debería cambiar?

Pues bien, my dear Ale...esa es tu posición porque eres ateo... pero SI hay casos documentados de personas homosexuales y transgénero que por la vía espiritual, y más específicamente la conversión al cristianismo, aceptaron sus genitales y ni se traumatizaron ni se volvieron locos o infelices por ello... por el contrario. Así como tú pides respeto a tus creencias, te rogaría que respetes que nosotros creemos que SI es posible ser feliz a partir de la aceptación de la condición biológica.

La Dra Caroline Leaf dice que el IQ sí se puede modificar considerablemente a lo largo de la vida e inclusive se puede revertir el traumatismo cerebral producido por lesiones de diverso tipo. La mente gobierna al cerebro y al cuerpo.

Ma,

No es mi posición, es la posición de la comunidad científica y todas las instituciones serías con opinión en el tema. Esas reconversiones han causado más suicidios que curas, está ampliamente documentado y por eso están prohibidas, ésta no es mi opinión es la realidad objetiva.

Más allá de eso, si crees que la condición biológica es la que vale ¿no te acabo de explicar que ser LGBT es biológico? ¿o solo sería biología los genitales y no el cerebro? ¿son más importantes los genitales que el cerebro?

Y en serio, que tengas una posición no implica que sea equivalente. Tienes derecho a expresar tu creencia de que la tierra es plana si quieres, pero que tengas capacidad de expresar una opinión no la hace válida, tampoco respetable.

Hola Ale,

Sé que andas súper busy con tus múltiples actividades, pero quería conocer lo que opinas sobre esta noticia y que me respondas a una pregunta puntual (estoy curiosa al respecto).

2020 Census Will Ask About Same-Sex Relationships

Boston Globe/Getty Images

Wendy Becker (left) and Mary Norton of Providence, R.I., raise their hands after the 2006 Massachusetts court ruling that allowed same-sex couples from Rhode Island to marry in Massachusetts. For the 2020 census, the couple can choose the new response category for "same-sex husband/wife/spouse."

https://www.npr.org/2018/03/30/598192154/2020-census-will-ask-about-same-sex-relationships

El artículo dice que en el 2020 se le preguntará a las parejas si están en una relación con alguien del mismo sexo o de diferente sexo por primera vez en la historia de los censos en USA.

¿Qué responderías tú a esa pregunta?

Creo que te confundes, má, ellos dejan claro que: "Gender dysphoria <> transgender"

La disforia de género es la sensación de disconformidad con el género que se vive, yo no siento disconformidad con mi género como la sentía antes, yo no tengo gender dysphoria.

Mi Ale,

Yo ya había leído ese párrafo de la APA que me enviaste, pero parece que ellos se contradicen porque de todos modos colocan la GENDER DISFORIA dentro de su listado de *Mental Disorders*.

Te paso un caso muy bonito publicado hoy por Yahoo que tal vez te sirva para citar en tus ponencias públicas

You Might Be Shocked By What Two Principals Said About My Transgender Daughter

Nicole Talbot.

Since my daughter began living as her authentic self as a transgender girl three years ago, two school principals have said shocking things to her. Shocking because their words were more affirming than anything I anticipated or could have imagined.

https://www.yahoo.com/news/might-shocked-two-principals-said-120049998.html

---

Si, no te preocupes no la tomo a mal, Ma.

La verdad es que es enredado y hay simplificaciones discursivas que no cuadran ni para el determinismo biológico religioso, el científico ni el construccionismo social.

Vayamos por partes.

1- El género es en efecto una construcción social, por ejemplo: ser mujer se entiende diferente hoy que en el siglo XIX donde votar era algo de hombres y hoy en el mundo musulmán ser mujer se entiende distinto al mundo occidental. Ahora que sea una construcción social no quita que se influya por las tendencias biológicas, es decir, hay postulados de que la evolución también trabaja a nivel grupal y los comportamientos sociales tienen una especie de selección natural, por ejemplo si una sociedad donde las hembras van en proporciones equivalentes que los machos a la guerra estaría en desventaja respecto a otra donde van solo machos porque las hembras son las que limitan el crecimiento poblacional, esas cosas a largo plazo influyen y harían que el comportamiento d la segunda persista.

2- Otra cosa es la identidad d género, esa es individual y nada electiva, no conozco nadie trans que diga que eligió ser trans, en general las historias trans son de serlo a pesar de intentar lo contrario y negarlo durante años y sin ningún estímulo externo a favor de ser trans sino más bien muchos sacrificios para poder vivir una vida más difícil pero auténtica.

La disforia de género se denomina al estado previo al tránsito d género, no a donde estoy. Está explicado en el link también, ser trans no es un desorden y la definición de disforia d género es cuestionable porque algo que se resuelve con "se tú mismo" no es un trastorno por sobre el impacto psicológico que tenía en las mujeres un matrimonio a la fuerza.

El link que te pasé fue d la APA que es la asociación d psiquiatría americana, te sugiero que lo leas… explica la diferencia entre disforia de género y ser trans con claridad:

Is being transgender a mental disorder?

A psychological state is considered a mental disorder only if it causes significant distress or disability. Many transgender people do not experience their gender as distressing or disabling, which implies that identifying as transgender does not constitute a mental disorder. (Un estado psicológico se considera un trastorno mental solo si causa angustia o discapacidad significativas. Muchas personas transgénero no experimentan su género como angustiante o incapacitante, lo que implica que identificarse como transgénero no constituye un trastorno mental.)

My dear Ale,

Lo único que quiero es salir de dudas porque he leído en varias fuentes no cristianas que el género es cultural/social, condicionado por factores externos y por eso es que "se hace", mientras que con el sexo biológico "se nace".

¿Y qué opinas de la posición de la Asociación de Psiquiatría Americana que incluye GENDER DISFORIA dentro de su listado de *Mental Disorders*?

Los psiquiatras estudian muchos más años que los psicólogos porque primero hacen la carrera de medicina entera (para poder recetar) y luego se especializan. Por si no lo has leído, ya lo revisé y me parece una postura bien fundamentada:

Patients & Families

Learn about common mental disorders, including symptoms, risk factors and treatment options. Find answers to your questions written by leading psychiatrists, stories from people living with mental illness and links to additional resources.

https://www.psychiatry.org/patients-families

Te quiere un montón tu Ma

Ma,

Creo que estás tomando lo que dicen los religiosos distorsionando la posición de la diversidad -el hombre de paja de la "ideología de género"-, no nuestra posición. En general no tomes ninguna fuente religiosa o que contenga ese término como honesta ni representativa.

La orientación sexual NO SE ELIGE, la identidad de género NO SE ELIGE ambos están definidos en la psicología como condiciones ¿Se nace o se hace? No hay evidencia para determinarlo, pero se sabe que no es una elección y el cerebro también es parte de nuestra biología.

Este link de la APA resulta bueno para entender una posición seria, no sacada de contexto.

https://www.apa.org/topics/lgbt/transgender.aspx

Lo que se rechaza es la idea de que un cuerpo/ genitales/

cromosomas tenga que definir de forma fija tu identidad y lugar en la sociedad, pero nadie pretende que se pueda elegir o cambiar el sexo, raza ni ninguna característica biológica.

Sobre el cerebro trans:

https://www.scientificamerican.com/ article/is-there-something- unique-about-the-transgender- brain/

Gracias por la aclaración, mi Ale.

Tratando de entender mejor lo que ustedes proponen. Si un ser humano NO NACE femenino o masculino sino que, a pesar de lo que digan sus características biológicas , puede ELEGIR ser hombre o mujer...de la misma manera una persona negra podría sentirse blanca o viceversa y querer "marcar" esa raza en el formulario de migraciones, por ejemplo.

¿Hasta dónde se puede llegar en el NO reconocimiento de la realidad biológica?

Ma,

Si te respondí, pero no te preocupes.

Obvio que somos de sexos diferentes, pero esa diferenciación no es lo que prima en la atracción con personas trans ni es algo que sirva de guía a la sociedad. El lenguaje es una herramienta y, si bien hetero/homo-género sería más adecuado etimológicamente, porque la atracción es al género y no al sexo, la palabra antigua es heterosexual, aunque se use para género y eso se valida. Porque como te decía a los hombres homosexuales o mujeres hetero no les atraemos las mujeres trans, si a hombres hetero y mujeres lesbianas.

Luego eso de que el género se constituye y muchas otras cosas posmodernistas son para tomarlas con pinzas, primero porque generalmente las sacan de contexto (como creo lo haces en este caso y por lo mismo te copio al final una explicación de eso por la autora de la cita Judith Butler) y luego porque la identidad de género, así como la orientación sexual, tienen poco o nada de electivas.

Sobre los niños no he escuchado propuestas de que no se les asigne género al nacer, lo que se propone es que no los encasillen en éste porque independientemente de que sean o no trans podrían tener una expresión o talentos que rompen la norma.

A todos se nos ha asignado un género desde el nacimiento, somos nombrados por los padres o las instituciones sociales de ciertas maneras. A veces cuando un género se asigna, se dan una serie de expectativas en relación con éste: ésta es una niña, entonces asumirá un rol femenino tradicional en la familia y en su lugar de trabajo cuando crezca. Este es un niño, así que asumirá un rol predecible en la sociedad cuando crezca. Muchas personas experimentan dificultades con esa asignación, no están conformes con esas expectativas, y sienten que parte de lo que son se aparta de la asignación social que se les ha otorgado. Así que la pregunta que se desprende de esto es la siguiente: ¿Qué tan libres son las personas jóvenes y los adultos para elaborar el significado de su asignación de género? Han nacido en una sociedad, pero también son actores sociales que le dan forma a sus vidas para que sean más vivibles. Y las instituciones sociales, incluyendo las instituciones religiosas, escuelas, y los servicios sociales y de salud, deberían ser capaces de ayudar a las personas a que lleguen a saber cómo vivir mejor en sus cuerpos, perseguir sus deseos y establecer relaciones que les satisfagan. Algunas personas viven en paz con el género que se les ha asignado, pero otras sufren cuando se ven obligadas a conformarse con normas sociales que anulan su más profunda vivencia de quienes son o desearían ser. Y para esas personas la necesidad de establecer los términos de una vida vivible es urgente.

Así que, ante todo, El género en disputa buscaba afirmar la complejidad de nuestras identificaciones de género y deseos y unirse a aquellos que dentro del movimiento LGBTQ contemporáneo creían que una de las libertades fundamentales que deberían respetarse es la libertad de expresión de género. ¿Era ésta una negación de la existencia de las diferencias naturales entre los sexos? Ciertamente nunca lo fue. Aunque subrayé que había diferentes paradigmas científicos para determinar las diferencias entre los sexos, y que ciertos cuerpos tenían atributos mixtos que los vuelven difíciles de clasificar. También afirmé que la sexualidad humana toma diferentes formas, y que no debemos suponer que conocer el género de alguien nos dará ninguna clave sobre su orientación sexual. Un hombre masculino puede ser gay o heterosexual, y lo mismo se aplica a una mujer masculina. Nuestras ideas sobre la feminidad y masculinidad varían según las culturas y no hay significados estáticos para esos términos. Hay dimensiones culturales de nuestras vidas que asumen diferentes significados a lo largo de la historia, y dado que nosotros mismos somos actores sociales tenemos cierta libertad para determinar esos significados. Pero el objetivo de aquella teoría era el de producir aceptación para el amplio espectro de identidades y deseos que constituyen nuestra complejidad como seres humanos.

\https://www.pagina12.com.ar/ amp/77673-el-fantasma-del- genero

Pero no respondiste a la pregunta exacta, my dear...tenía entendido que una cosa es el sexo biológico con el que se nace y otra el género...si la pregunta es sobre el sexo y no el género, ¿Cossete y tú siguen siendo una pareja hetero?

Otra curiosidad: Al momento de nacer, en la partida, se establece si el sexo es masculino o femenino. Si ustedes. Dicen que el género se construye y no está determinado por los genitales, ¿que se pone en ese casillero mientras el niño o niña no se define?

¡Estoy tratando de entender...doing my best!

Hola Ma,

Siempre full pero puedo responder: A la pregunta, Cossete y tú siguen siendo una pareja hetero? Diría que no, que ahora somos del mismo género.

Si bien es verdad que nuestro sexo es diferente lo que realmente usamos para relacionarnos es el género, por lo mismo a los hombres hetero y mujeres lesbianas les atraen las mujeres trans y a los gays o mujeres hetero no.

NAVIDAD Y FIN DE AÑO ADAPTÁNDOME
A MI NUEVA FAMILIA

Cuando Ale anunció que venía a Miami como "Alessia", en compañía de su esposa Cossette, para pasar Navidad y Año Nuevo con nosotros, tuve sentimientos encontrados. Por un lado, una gran felicidad porque desde hace mucho no compartíamos las fiestas de fin de año y ya era hora de reunirnos, y por otro me asaltaba el temor de no poder "dejar ir" a Alejandro. Ahora sí me tendría que enfrentar a la cruda realidad: el bebé que traje al mundo con genitales masculinos un 4 de julio de 1981 y a quien vi como hombre por 35 años ya no era parte de mi vida... en su lugar venía Alessia, mi nueva hija.

Quizás alguna de mis amigas psicólogas podría responder la siguiente pregunta: ¿Será que yo misma he creado la realidad que ahora vivo, de manera inconsciente, porque durante muchos años declaré en voz alta "¡cuánto me hubiera gustado tener una hija!"????... ¿He vivido en carne propia la famosa "Profecía Autocumplida"? Como diría Ale, "¡No todo gira alrededor de ti, Ma!" ...así que he decidido no buscar explicaciones y dejar de lado el luto lo más pronto posible... Creo firmemente en lo que dice La Palabra de Dios para momentos de crisis donde toda explicación se queda chica:

"Ahora bien, sabemos que Dios dispone todas las cosas para el bien de quienes lo aman, los que han sido llamados de acuerdo con su propósito."
(Romanos 8:29)

Antes de celebrar la Nochebuena en mi departamento, Ale me invitó a cenar con Cossete y Robyn, la noche anterior, con motivo de mi cumpleaños. Guille y Rosita no vinieron debido a un resfriado. El paseo a Las Olas Boulevard en Fort Lauderdale transcurrió sin novedad alguna, con una conversación fluida y sin caretas. Debo reconocer que Ale ha cultivado su manera de hablar para lucir femenina y la forma en que gesticula también lo es. Tomó clases de maquillaje y baile y sabe vestirse de manera tal que es difícil descubrir que "era" hombre poco tiempo atrás.

La fiesta navideña en mi hogar resultó maravillosa. Hasta jugamos juegos de mesa después de la cena y nos reímos de lo lindo. Éramos la familia feliz de siempre. Lo mismo pasó en la noche del 31 de diciembre cuando, todos juntos, vimos los fuegos artificiales y recibimos al 2018 entre brindis y abrazos.... Debo reconocer que el carácter de Ale se ha suavizado y que ahora se lleva muy bien con Robyn...Y que amb@s están intentando llevarse bien conmigo respetando mis creencias como yo respeto las de ell@s.

¿Qué más pedir?

Como diría uno de los poemas de mi madre, Dora Varona:

¿Para qué más?... ¡que lo demás vendrá más tarde!
¿Para qué más?...
¡Si luego queda tanto que
el corazón no entiende ni asimila!

My dear Ale,

Fue maravilloso compartir con ustedes tantos momentos inolvidables con ocasión de las fiestas de fin de año. Y percibo con claridad cuanto se ha amansado tu carácter y cuán feliz eres ahora. Eso es lo único que me importa.

Recién me doy cuenta de que no había leído el artículo sobre los transgénero en Canadá. Ya lo hice y suena penosa su situación. Una de las cosas que se menciona al final del texto es que a la mayor parte de la gente le resulta difícil usar el pronombre correcto porque algunos transgéneros que dicen ser mujeres no lucen como tales. Tú luces cada día más "femenina" pero todavía no logro usar el pronombre ella y creo que mis razones son válidas. Te traté como hombre los primeros 35 años de tu vida. Cuando te sacaron de mi vientre me dijeron: "Es un varoncito" y la verdad es que tu manera de ser violenta, brusca, dura (sobre todo con tu hermanito Rodi), obstinada, terca y llevando siempre la contraria, no me permitían descubrir lo que supuestamente estabas sintiendo.

Por otra parte, si es algo que no se puede controlar, por qué, cuando todavía no sabías fingir, cuando muy pequeño, ¿nunca quisiste jugar con muñecas o comportarte como niña cuando estabas rodeado de ellas en reuniones sociales? Lo lógico era que hubieras buscado acercarte a niñas y no a niños al momento de los juegos y nunca lo hiciste...

¿Recuerdas cuándo fue la primera vez que sentiste que eras una mujer en un cuerpo de hombre?

Necesito que me ayudes a entender por qué, porque por más que intento, todavía a veces me dan ganas de jalarme los pelos y preguntarme cómo, cuándo y dónde... por qué no me di cuenta antes para haberte podido ayudar o buscar ayuda.

Un abrazo con todo mi cariño, Ma

Hola Ma,

Es complejo, en general nos hemos acostumbrado a clasificar a la gente por cómo se ve antes de quién es internamente. A mí también me costó aceptar la idea de separar las 2 cosas, yo no concebía transitar sin operarme hasta el alma para acercarme lo más posible al estereotipo femenino y "pasar". Hoy no sé qué tanto paso, tampoco me interesa tanto porque igual al ser conocida ya cualquiera que googlee mi nombre sabe que soy trans. No puedo imaginar lo complicado que debe ser para aquellas personas que sienten una identidad y no logran ser aceptadas por tal, en el caso de los hombres trans no suele ocurrir en el aspecto, con un poco de barba ya está.

También es complicado hacer introspección a esa edad ¿qué era lo que generaba esos problemas en mí? evidentemente proyectaba problemas internos ¿era por ser trans? es difícil aislar las cosas porque igual hay niños que tienen comportamientos similares sin ser trans, pero creo que es sensato decir que si hubiera crecido en esta época me hubieras mandado al psicólogo, en esa época creo que se veía muy mal ir al psicólogo, casi como estar loco. En un mundo paralelo donde la sociedad avanzó más rápido, tal vez yo pude crecer como niña y nunca fui brusca ni violenta.

Recuerdo haberme vestido con tu ropa y haberme maquillado, también tengo memoria clara de entender que eso para la sociedad no era aceptable y que para ustedes no era aceptable ¿de dónde lo aprendí? no lo recuerdo, a temprana edad los recuerdos son borrosos, pero se capta las expectativas del entorno, eso lo tengo muy claro, recuerdo la sensación. En general me recuerdo con el entendimiento de que hay cosas que hacen los niños, cosas que hacen las niñas y que yo no era parte del segundo grupo así que tenía que actuar como el primero ¿Un niño es capaz de darse cuenta de cuando está haciendo cosas que sus padres entienden que están mal? creo que sí.

Me preguntas "¿Recuerdas cuándo fue la primera vez que sentiste que eras una mujer en un cuerpo de hombre?" ... No sé si me gusta esa forma de expresarlo, no me ofende ni lo tomo a mala, pero creo que basta con decir mujer trans.

La edad exacta es borrosa, a temprana edad la memoria cronológica es inexacta, pero recuerdo haberme puesto tu ropa entre los 4-6 años, recuerdo haber querido ser niña en esa época, haber rezado para volverme niña entre los 6 - 10, mirar desde lejos con una mezcla de anhelo y rechazo, en la pubertad se hizo más intenso.

Era imposible que pudieras haber pedido ayuda, no existía ni siquiera el término como para entender lo que me pasaba, asumo que por mi personalidad me lo guardé y lo expresé con mis actitudes agresivas en mi infancia y con la timidez en la pubertad, timidez que me siguió a la adolescencia pero que fui superando de a pocos, siempre sentí difícil conectar con la gente con un secreto tan grande, aunque puede que el resto no lo sintiera así, no sé. En general en esas épocas sabía que contar lo que sentía era casi exclusivamente estigma y quien sabe, pudo hasta ser peor, porque si ahora que hay información te es complicado imagínate tratando con esto sin nociones ni conocimiento al respecto en el resto del mundo, hubiera terminado en una terapia de reconversión y en una de esas terminaba suicidándome.

My dear Ale,

He estado muy ocupada pero ahora tengo un minuto para hacerte una pregunta que me permitirá seguir aclarando dudas con la finalidad de comprender tu decisión mejor.

1) Dices que desde niño te gustó vestirte con ropa femenina y maquillarte...pero ¿qué otros atributos o características te asemejan más a una mujer que a un hombre? El vestido y el maquillaje no "hacen" a una mujer...eso sería altamente reduccionista.

Como tu madre, creo que tu temperamento, tu carácter y tu personalidad nunca fueron femeninos y aunque te justificas diciendo que intentaste amoldarte a lo que la sociedad y tu familia esperaban de ti, la verdad es que "lo femenino" se encuentra en todo hombre, en mayor o menor grado, y esto no se puede ocultar porque actúa a nivel inconsciente... nunca percibí nada femenino ni en tu manera de pensar ni de sentir ni de hablar...

2) ¿Qué diferencia hay entre un travesti y un hombre transgénero? ¿Nunca te preguntaste si eras solamente travesti?

Espero no incomodarte con mis preguntas. Llegó la hora de aplicar la completa sinceridad y transparencia en nuestra relación, ¿no te parece?

Ma,

Como te decía, es complejo clasificar mis atributos de esa época como masculinos o femeninos, en especial para un espectador, porque yo durante toda mi vida y en especial mientras crecía rechacé esta parte de mí y me dediqué activamente a evitar que pudiera ser percibida por el resto. Si quisiera clasificarme por los estereotipos creo que mi trabajo en sistemas podría clasificarse masculino, sin embargo, mi jefa es mujer y hay otra arquitecta que es mujer, mis habilidades matemáticas podrían ser masculinas, pero hay mujeres hábiles con los números, en general los estereotipos sólo miden probabilidad, pero no excluyen a quien no los cumpla.

Entre las cosas femeninas -siendo estereotípica nuevamente-podría decir que soy sensible, lloro en las películas, siento el arte, toco piano, bailo, soy empática, conectada con lo que siento, pero igual que la última vez ninguna de estas cosas excluye a hombres.

Es bastante difícil trazar la línea, asumo que la identificación es más por el rol social más que características individuales, grupos de amigos, la forma de relacionarse con ellos. Es difícil entender de donde nace, pero está ahí, de todas formas, tengo claro que tengo características de mi personalidad que se asociarían más a lo masculino.

Pero te equivocas al decir que lo femenino y masculino no se pueden ocultar, por supuesto que se puede y una parte lo prueba el que no percibiste que fuera trans, la otra sería que, si estás en una posición escéptica y crees que puede que yo no sea trans, te comento que para la mayoría que me conoce ahora le resulta difícil imaginarme en mi rol masculino.

En lo que refiere a clasificaciones de etimología:

Trans -> Pasa de un lado a otro
Travesti -> vestimenta
Transgénero -> género
Transexual -> Sexo (obvio entiendes que no me refiero a cromosómico ni a capacidad reproductiva).

Una persona transgénero o alguien transexual es alguien que se identifica y vive su género de forma permanente, alguien travesti podría ser alguien que se viste por una profunda identificación y su personalidad es femenina a pesar de que no tenga interés en modificar su cuerpo o podría ser alguien que se viste por algo erótico o artístico, a estos últimos también se los conoce como transformistas.

Vale señalar que soy una mujer transgénero (no hombre) y sí, me pregunté si podría ser sólo travesti, pero conforme fui liberándome de todo el peso del prejuicio y miedo al rechazo que cargaba, me fui dando cuenta que siendo Alessia era feliz y cada vez me deprimía más regresar a mi rol masculino, el momento cumbre fue regresando de Europa donde me desplomé en llanto en año nuevo (por varios factores pero vestirme nuevamente de forma masculina fue uno de ellos) y el posterior regreso a la rutina que duró 6 meses más. Alguien travesti que intercambia roles no siente mayor incomodidad al regresar a uno de éstos.

Espero esto te ayude a aclarar dudas.

¡Tienes respuestas para todo!

¡Siempre te gustó argumentar y llevarle la contra a todo el mundo y especialmente a tu madre!...

Gran polemista...podrías haber destacado en el campo de la abogacía o la política...

¡Si mal no recuerdo, ya te metiste a la política en Chile y te debe estar yendo muy bien!

Pero me parece que no respondiste a la pregunta sobre qué atributos o características femeninas tienes o reconoces en ti que no tengan que ver con la vestimenta y el maquillaje.

Creo que, en tus sesgos, convencida de que no tengo características femeninas o tratando de no verlas, no leíste el párrafo donde las describí:

" Entre las cosas femeninas -siendo estereotípica nuevamente- podría decir que soy sensible, lloro en las películas, siento el arte, toco piano, bailo, soy empática, conectada con lo que siento, pero igual que la última vez ninguna de estas cosas excluye a hombres."

Es bastante difícil trazar la línea, asumo que la identificación es más por el rol social más que características individuales, grupos de amigos, la forma de relacionarse con ellos. Es difícil entender de donde nace, pero está ahí, de todas formas, tengo claro que tengo características de mi personalidad que se asociarían más a lo masculino."

Y en serio acá no estoy en pose argumentativa sino reflexiva, en forma argumentativa soy más bien de respuestas cortas para que no me saquen de contexto y si, ya estoy aprovechando algo estos talentos, recuerda que soy columnista en 2 medios digitales y twittera.

Pero en lo profundo diría que sentir quién eres es como con el amor, no lo racionalizas ni hay forma clara de explicarlo, sólo lo sientes, recorres el camino y la felicidad que te genera llegar a la meta, te confirma que estás en el lugar correcto.

Ma,

Una reflexión introspectiva sobre lo que posteaste en nuestro WhatsApp:

My dear children!

Hoy amanecí con los 3 en mi corazón y quiero decirles que los amo mucho, mucho, mucho y que estoy muy orgullosa de los 3... Del camino que cada uno ha emprendido en búsqueda del sentido de esta vida.

¡Los amaré por siempre, hasta mi último aliento!

Es tan difícil hacer introspección hacia el pasado porque los sentimientos presentes manchan los recuerdos. Creo recordar que siempre me molestó decir cualquier palabra o hacer cualquier cosa que te pudiera hacer feliz ¿por qué? ¿por qué sentía y todavía siento eso? sólo la idea de hacer algo que te agrade me incomoda. Recuerdo que rechacé la idea de leer porque para ti era importante que leyera, nunca te quise contar cuando iba a hacer algo de esas cosas a las que los padres van a ver a los hijos, no te quería presentar a mis parejas. Por más que intento llegar al origen de este sentimiento no puedo ¿qué tan antiguo será?

Y sobre esto me dan muchas cosas vueltas a la cabeza ¿no quería hacerte sentir orgullosa o no quería que te sintieras orgullosa de mi o no sentía que fueras a serlo haga lo que haga? Cargar un secreto como el que cargué toda la vida pesa, siempre me costó sentir que era alguien que merecía cariño, esto lo sentí con mis parejas ¿era el peso de saber que ocultaba ser trans y que si supieran no me querrían?

En fin, te quiero Ma, pero todavía me pesa saber que probablemente rezas para que no sea trans por sobre rezar para que sea feliz, aunque no sea a tu manera.

Un abrazo, Alessia

Mi Ale,

¡Yo te quiero más! ¡Como dicen en inglés...*I love you more*!

Quiero creer que todo ese propósito tuyo de no hacerme feliz tiene que ver con tu rebeldía innata.

Cuanto tenías 3 años y vivíamos en *Nothingham* ya eras muy independiente y querías imponer tu voluntad a tu padre y a mí.

Yo siempre te demostré mucho amor, sobre todo de bebé. ¿Recuerdas las canciones que te compuse en Inglaterra? Esos 2 años no hice otra cosa que estar contigo y me parece que fui una buena madre. Te acostumbraste a ser el centro de atención de mi vida y no tenías mayor competencia que tu padre quien te llevaba a ver los trenes cuando regresaba de la universidad para que yo pudiera estudiar inglés.

Otra cosa que siempre hice fue decirte que eras, en aquel entonces, una maravilla para tu papá y para mí.

Te preguntaba: ¿Quién es el niño más lindo, inteligente, bueno y maravilloso del mundo? Y tú me respondías con gran alegría: ¡¡¡¡Yo!!!!

Y la siguiente pregunta obligada era: ¿Y quiénes te aman más que a nadie en el mundo? Y la respuesta que dabas con el mismo gozo era: "Mamá y papá".

Tus hermanos heredaron tus canciones y estas dos preguntas, cada uno en su momento.

Fuiste un pequeñín muy amado al que nada le faltó y cuando estabas en el *kinder* en Lima y luego en tu colegio en Santiago sí iba a tus presentaciones y sobre todo a tus partidos de hockey.

Tal vez todo el problema empezó cuando regresamos a Lima en 1984 y al nacer tu hermano te sentiste desplazado...además yo tenía otras muchas personas a las que brindarle mi atención y ya no solamente a ti. Quizás eso también explica por qué te la ensañaste con Robyn, por qué sentiste tantos celos y agresividad.

Yo siempre te he dicho y le he dicho a otras personas lo orgullosa que me sentía de ti cuando destacabas en el colegio sin estudiar, cuando ganabas los concursos de matemáticas, cuando terminaste la Universidad, cuando conseguiste tu primer empleo, cuando te casaste con una chica tan buena como Cossete, cuando te mudaste a Chile... El que tú no lo quieras reconocer es cosa diferente...

Y ahora nos estamos escribiendo tan seguido que espero esto te libere de todo sentimiento nocivo hacia mí y puedas practicar la empatía conmigo como lo haces con los demás.

Un abrazote con mucho amor de tu

Ma.

Ma,

Me temo que es una explicación demasiado simplista y cómoda, que sin duda explica parte, pero no todo el asunto. Podría eventualmente explicar cómo inició este sentimiento, pero no porqué persistió tantos años.

Pero lo principal es que no respondiste la única parte que creo que influye realmente en que lo que sentía se mantenga ahora:

" Pero todavía me pesa saber que probablemente rezas para que no sea trans por sobre rezar para que sea feliz, aunque no sea a tu manera"

Las cosas que mencionaste son cosas que hago, logros que reconocería cualquiera así no sea pariente mío, mientras reces para que cambie esta parte tan central de quién soy podremos mejorar nuestra relación hasta cierto punto, pero es como que yo "rezara" para que dejes de creer en Dios, no sería aceptarte y quererte por quién eres, sino quererte a pesar de ser quién eres.

Ay, mi Ale, ¡ya te pasaste! ¡A ti que no te gusta que te controlen y ahora quieres controlar hasta mis oraciones! lol

Por lo menos ten respeto por mi vida espiritual que es totalmente privada y no te perjudica en lo más mínimo.

Si hay alguien que quiere tu felicidad esa soy yo, tu madre... pero hay cosas mucho más importantes que la felicidad en esta vida...

Te confesaré que le pido a Jesús que se te revele, que te toque de manera tal que no puedas negar su existencia.... y como tú no crees en eso, de suceder, sería algo equivalente a lo que le pasó a Saulo de Tarso a quien Jesús se le presentó en su camino a Damasco donde iba a perseguir a los cristianos y no le quedó más remedio que convertirse... Hace mucho que no oro para que Dios te devuelva tu virilidad... quiero entenderte y aceptarte tal y como eres...por lo menos estoy haciendo mi mejor intento... Y por favor, tú respeta que amo a Jesús y sigo sus enseñanzas.

Ma,

En este caso no lo decía por tu deseo de hacerme cristiana sino porque oraras por hacerme cis (cis es quien no es trans, como tú, por ejemplo). Me alegra que ya estés ahí

Por las diferencias de concepciones religiosas creo que no hay mucha vuelta que darle, la verdad es que la religión ocupa muy poco espacio en mi mente estos días, aunque me estoy metiendo a un grupo de educación laica y a ver que sale.

Recién encuentro un momento para escribirte, mi Ale.

Me fui a Maryland el fin de semana a dictar dos charlas y ahora voy a estar ocupada con la visita de una discípula mía de Ecuador que me invitó hace 2 años a Guayaquil y Portoviejo por todo lo alto y ahora tengo que atenderla llevándola a medios.

¿Me explicas en qué consiste el grupo de educación laica?

Yo no tengo ningún interés en que te acerques a ninguna religión, sólo me gustaría que conocieras a Jesús, que tuvieras una relación personal con EL... ¡te aseguro que será un gran aporte a tu vida porque sus enseñanzas morales son las mejores!

Al viaje me llevé el libro TRANSEXUALIDAD; LA PARADOJA DEL CAMBIO de los sexólogos mexicanos David Barrios Martínez y María Antonieta García Ramos (y por si acaso ellos no son cristianos), en donde recopilan interesantes testimonios de sus pacientes y todos los que fueron hombres y se convirtieron en mujeres dicen que nunca llegaron a experimentar real placer utilizando su miembro viril durante las relaciones sexuales y que más bien sentían o vergüenza de usarlo (o de que se les parara) o hasta asco... Si ese fuera uno de los rasgos para clasificar al transgénero, ni tú ni Robyn encajarían bien en la categoría, porque tuvieron relaciones heterosexuales placenteras haciendo de hombres. Y, además, la falta de los órganos reproductores femeninos (y de la dichosa menstruación) no les permite ser mujeres completas...

Por último, que a ambos les gusten las mujeres incrementa mis dudas. En todos los casos que he leído en el libro que menciono ni uno es de mujer transgénero lesbiana, como tú te autodenominas. Todos los casos fueron chicos que nacieron hombres y desde temprano sintieron atracción por otros hombres porque se veían a sí mismos como mujeres.

Te mando un abrazo grandotote, Ma.

Ma,

En educación laica somos una agrupación para eliminar el curso de religión de la educación pública y que sea opcional en la privada. Hoy por ley toda institución pública o privada debe tener 2 horas semanales de religión, lo que en instituciones privadas no tiene sentido porque cada cual debería poder definir un credo o ausencia de éste y en las públicas obligan a alumnos eximidos a quedarse en el aula escuchando la clase.

Respecto a ese libro lo cierto es que en el mundo trans no somos uniformes, hay casos como los que se detallan en el libro, hay casos en que tener sexo genera placer y al mismo tiempo una sensación desagradable por el disgusto a los genitales, otros en que sin ser fans de los genitales deciden no operarse y quienes están bien con sus genitales y no se operarán.

Las clasificaciones no son nunca rígidas y eso de los órganos reproductores es irrelevante para temas sociales, no necesito órganos reproductivos femeninos para ser "mujer completa", que es un término que en general se usa para medir a la gente contra estereotipos; así una mujer no es una "mujer completa" si no tiene un esposo o si no tiene hijos o si los hijos no son biológicos. Igual entiendo a qué vas, pero creo que te falta entender que cuando hablamos de género no hablamos de órganos reproductores sino identidad, esa que se siente individualmente y se percibe en las interacciones sociales, por el contrario los genitales no son parte de las relaciones sociales salvo para parejas y los órganos reproductores sólo son relevantes para parejas con quienes tener hijos.

Y como te decía, que haya casos o incluso una mayoría de casos en que las mujeres trans son hetero (les atraen los hombres) no implica que esos representen a todo el universo. Conozco bastantes mujeres trans lesbianas.

Para que te cuento que hay personas que no se sienten ni hombres ni mujeres. El mundo es un lugar complejo, conforme se rompen barreras aparecemos casos nuevos que no existíamos antes.

Hola mi Ale,

Estoy estudiando el tema de los TRANS y la verdad es que mientras más testimonios reviso (porque en todos los libros científicos y estudios que leo hay testimonios) más me doy cuenta de que ni tu herman@ ni tú representan lo que se considera la norma en el mundo trans.

Quiero que reflexiones sobre el caso de Robyn. Nunca tuvo una personalidad fuerte o definida como para fingir que era niño mientras quería ser niña. Se le hubiera notado a simple vista. Y él nunca se vistió con mi ropa. Tampoco tu padre y yo éramos monstruos como para que ni tú ni Robyn se atrevieran a confiarnos la verdad antes. Nunca fuimos padres castigadores o represores. Por el contrario, les dimos mucho amor.

Estoy leyendo un libro sobre un caso de una niña española que desde los 2 años cuando ya hablaba bien le decía a su madre que no quería vestidos, que quería shorts y que no le gustaba su nombre y a los 5 ya le decía a todo el mundo que quería cambiarse de nombre porque era niño.

Y es que insisto que la conciencia de lo que los padres esperan de uno no se presenta tan prematuramente en los primeros años de vida como para "matar" todo malestar o disconformidad con el género asignado de nacimiento. Más aún si se trata de un asunto genético.

Ustedes no "calzan" en todo lo que vengo leyendo, pero necesito entender para poder apoyarlos mejor en sus decisiones.

Hola Ma,

Cómo te imaginarás solo puedo responder por mí, no tengo ni idea que habrá tenido Robyn en la cabeza en su infancia ni ahora; su forma de razonar y actuar siempre han sido impredecibles para mí.

Respecto a lo que cuentas, aplica para algunos casos, conozco casos así, pero algo que también cuentan los padres en todos éstos es que sus hijos sabían leer que eso a sus papás no les parecía bien. Por otro lado, también conozco casos de niños que recién contaron después de descubrir la existencia de las personas trans en internet, posibilidad que no existía en mi época.

Luego no hace falta que ustedes sean monstruos para que intimide contar, piensa que te conté a mis 35 y cómo reaccionaste ¿Cómo crees que dejas a alguien de 13,15 ó 18 con una reacción así? Piensa que tú eras mojigata incluso para trago y sexo hetero ¿Crees que el 95 había alguna chance de que lo lograrás asimilar?

Además ustedes no eran una isla, era muy claro el trato que iba a recibir de la sociedad que en esa época te cerraba todas las puertas y te condenaba a un submundo de marginalidad.

Historias como la mía son bastante frecuentes en mi edad. Tengo una amiga que en su etapa de negación fue fisicoculturista, otras 2 en artes marciales. Cada quién lidia de la mejor forma que puede con ser inaceptable para la sociedad.

Lo que si te puedo reconocer es que hay gente que no logra negar quien es y ahí entra el tema de personalidad. Aunque esto te raye más el cerebro el género no es binario. Puede que sí tengamos a los extremos a He-Man y Barbie y yo esté más al centro que una niña trans que a los 5 ya no quería que la traten como niño, es difícil saber con certeza en un tema tan reciente. Si yo estuviera ahora cumpliendo 14 ¿te diría que soy trans? No lo sé, pero sin duda hay más probabilidades hoy que en aquel entonces.

My dear Ale,

Me asombra la capacidad que tienes para refutar todo argumento y defender tu postura con uñas y garras. Hubieras tenido mucho éxito en Negocios Internacionales o Derecho. Pero siempre fuiste muy pragmátic@ y preferiste estudiar Ingeniería Industrial para ganar más plata. Estas 2 inclinaciones tuyas no me parecen muy femeninas que digamos, pero bueno...pasemos a un tema más importante.

Algo que siempre me ha inquietado y quisiera saber para poder dejar de lado cierto grado de confusión es COMO FUE EL PROCESO PARA TU ESPOSA COSSETE y cómo se llegó a salvar tu matrimonio.

1) ¿Ella lo aceptó desde un principio?

2) ¿Cossete ha hecho pública tu actual condición? ¿Lo saben sus familiares y amistades?

He decidido dar a conocer tu decisión públicamente y la mía de apoyarte. Hago esto para que el mundo sepa que una cosa es hablar de los trans desde fuera y otra conocer su problemática "desde adentro".

Y quiero apoyar tu causa. Tal vez no lo sepa hacer como tú quieres, pero buena voluntad y amor me sobran.

Hola Ma,

En esta oportunidad no estoy tratando de refutar sino de explicar, refutando no soy tan amable. Sobre que consideres mis habilidades poco femeninas sólo puedo decirte que es bastante machista de tu parte, toda mujer puede ser ingeniera industrial o buena argumentando, de hecho, creo que en el mundo del derecho la proporción de mujeres es bastante alta al igual que las mujeres son más y generalmente más efectivas en comunicaciones ¿No te dedicabas tú a eso?

Respecto a Cossete y su proceso es una pregunta que no te puedo responder, es algo personal suyo y no creo que me corresponda profundizar al respecto. Sólo te puedo decir que ha sido complejo y lo sigue siendo, los cambios fuertes siempre pegan y este es uno muy fuerte y al que cuesta adaptarse desde lo personal hasta las implicanciones sociales.

Ella se lo ha informado a varias personas de su entorno, pero no lo ha hecho público todavía. Lo más importante es que sigue a mi lado.

Por si te sirve de ayuda, te voy a pasar mis artículos más recientes y hay uno que escribí sobre ella, publicado el pasado 14 de febrero, en el diario El Mirador de Santiago.

Mi Ale,

Revisando tus artículos -que están muy buenos- y recordando la pregunta de por qué nunca has querido hacerme feliz (¿y tal vez a tu padre tampoco?), me asalta la siguiente duda:

¿No reconoces acaso que fuiste muy rebelde y que siempre te gusto llevarnos la contra?

¿De ser así, por qué tendría que haberte importado que nos enteráramos antes de que te sentías mujer? ¡Esa verdad hubiera sido la mejor demostración de rebeldía contra nuestras creencias religiosas! Y con eso hubieras logrado hacerme menos feliz (que era uno de tus propósitos) ...

Finalmente, debo confesarte que leyendo tus artículos me he sentido muy orgullosa de ti...porque eres muy pero muy valiente para hacer lo que estás haciendo...y ¡te quiero mucho!

Te cuento que estoy leyendo el libro de una amiga mía sobre el caso de una mujer transgénero y acabo de leer sobre lo mucho que le costó MATAR a Saul para dejar nacer a Rosa.

¿Sientes que has matado a Alejandro? ¿Del todo? ¿O todavía queda algo de el en ti?

Ma,

Algún tiempo atrás lo que recomendaban era asumir que murió la persona que estuvo antes y comenzar de cero. Nuevos amigos, nueva casa, incluso nuevo país y nueva vida, ahora entiendo que lo que se recomienda es lo contrario, porque tener que alejarte implica aceptar el rechazo de antemano. No sé si es a eso a lo que te referías pero historias de algunas décadas atrás hablan de casos así.

Dicho eso, si me costó despedirme de Alejandro, no porque muriera, porque en la mayoría de las cosas somos la misma persona, sino porque muere su futuro. El esposo, padre, abuelo y demás que imaginé y que todos en mi entorno imaginaron con múltiples expectativas muere en el proceso, porque mi futuro como Alessia no es el mismo en el imaginario colectivo ni en mi proyección de futuro. En la sociedad, familia y amigos, así sea parte todavía de su grupo, ya no soy la misma persona, el trato es distinto, la forma de comunicarse es distinta, la sociedad tiene un trato diferenciado para hombres y mujeres y ahora las expectativas para mi futuro son otras.

Y sí, fue duro, todo el tránsito fue muy duro porque tenía que enfrentarme a todos mis miedos, mis prejuicios y los de la sociedad.

Pero aquí estoy, de pie, orgullosa y feliz,

Alessia.

QP
Qué Pasa

2415

ESPECIAL
ENERGÍAS LIMPIAS

BACHELET:
LA INTERMINABLE
BÚSQUEDA
DE LA ÉPICA

CAMBIAR
EN CHILE

HACE UN AÑO, ALEJANDRO INICIÓ UN
PROCESO DE TRANSICIÓN DE GÉNERO,
APOYADO NO SÓLO POR SU SEÑORA SINO
TAMBIÉN POR LA EMPRESA DONDE TRABAJA,
PARA CONVERTIRSE EN ALESSIA.

MIRANDO A MI HIJ@ TRANSGÉNERO
CON LOS OJOS DE JESÚS

Llegó el momento de hablar a corazón abierto, aunque tal vez, de paso, se abra alguna herida mal cerrada entre mi hij@ Alessia y yo.

Sigo creyendo que Dios creó solamente dos sexos y dos géneros: hombre y mujer, masculino y femenino. Sigo creyendo que las personas debieran aceptar los genitales y la definición cromo somática con la que llegaron al mundo y vivir conforme a ella. Eso sería lo deseable, cristianamente hablando.

Entiendo que para algunos es más difícil que para otros. Entiendo que muchos prefieren rebelarse y vivir de acuerdo con lo que consideran su opción de vida. Respeto que sientan y piensen diferente, aunque no estoy de acuerdo con ellos.

Ahora bien, he aceptado la decisión de mis hij@s porque creo que el amor parte de la aceptación del otro tal y como esa persona es, tal y como esa persona quiere ser. Más aún si la definición que hacen de su identidad trae consigo la posibilidad de verlas felices y realizadas.

No puedo ni debo imponerles mi manera de entender la sexualidad, la moral y la espiritualidad. Dios les ha dado libre albedrío. Su padre y yo les inculcamos sólidos valores, virtudes y principios morales desde pequeñ@s y serán personas de bien siempre…de eso no me cabe la menor duda.

También es un hecho que el movimiento LGTB ha llegado al mundo en el momento oportuno y que seguirá creciendo. Ha llegado para quedarse. Y los cristianos debemos revisar la forma en que nos acercamos a ellos.

Quizá los cristianos debiéramos elevar nuestros ojos hacia Jesús y preguntarnos: ¿Qué hubiera hecho El si hubiera tenido que interactuar con gente transgénero? ¿Alguno de ustedes cree que el Hijo de Dios los hubiera juzgado, condenado o rechazado? No, por el contrario. Los hubiera mirado con ojos llenos de ternura y les hubiera dicho:

""Vengan a Mí, todos los que están cansados y cargados, y Yo los haré descansar.''(Mateo 11:28)

"Pero a aquel que oye mis palabras y no las obedece, no soy yo quien lo condena; porque yo no vine para condenar al mundo, sino para salvarlo." (Juan 12:47)

Reflexionemos sobre el rol de Jesús como el primer feminista de la historia.

Jesús mostró en su vida pública que las mujeres para él eran importantes. Rompió con muchos estereotipos de su época. Se acercó a la hemorroísa, por ejemplo, la mujer que sufría de flujos de sangre desde hacía doce años y la curó. En aquel entonces la menstruación era un signo total de impureza. Las mujeres que menstruaban no podían ir al templo. Jesucristo rompió con todo eso y estableció un diálogo con la hemorroísa. Se acercó también a las prostitutas. Tenía un mensaje de misericordia, de compasión, de bondad, de igualdad.

El apóstol Pablo también reconoce la igualdad entre hombre y mujer cuando sostiene:

"Ya no hay judío ni griego; no hay esclavo ni libre; no hay varón ni mujer; porque todos ustedes son uno en Cristo Jesús." (Gálatas 3:28)

Resulta asombroso constatar que Jesús eligió a la mujer samaritana, -cuando los samaritanos eran despreciados por los judíos-, para que fuera la primera evangelista. Ella fue la primera en comunicar a los habitantes de su pueblo que había conocido al Cristo, la primera en reconocerlo como el esperado Mesías de los judíos.

En la cultura del medio oriente donde Jesús vivió, los rabinos comenzaban cada reunión en el templo diciendo: "Bendito seas, oh Señor, porque no me hiciste mujer". Las mujeres eran excluidas de la vida religiosa y raramente instruidas, en privado, en la enseñanza del *Torah*. Aun así, Jesús incluía públicamente a las mujeres como sus discípulos, enfureciendo a los líderes religiosos. Martha y María, las hermanas de Lázaro, se consideraban sus amigas. Él instruyó a multitudes de hombres y mujeres, sanó y realizó milagros tanto a hombres como a mujeres. En materia de milagros y trato no hizo discriminación alguna.

Jesús también retó las sexistas leyes sociales de aquel entonces. En aquella época existía una ley que permitía al esposo divorciarse de su esposa por nada. Por ejemplo, que la cena no estuviera lista a tiempo. Imaginen la inseguridad y crueldad que esta ley producía en las mujeres. Y, como es de esperarse, una esposa no podía divorciarse de su esposo. Sin embargo, Jesús dijo que ambos, hombre y mujer, podían divorciarse uno del otro, pero sólo en caso de adulterio.

Otra ley social de aquellos días permitía apedrear a muerte a cualquier mujer que fuera sorprendida en adulterio. El hombre no tenía pena alguna. Conociendo que Jesús trataba a las mujeres con dignidad, los fariseos querían saber cómo Jesús manejaría esa situación. Así que un día en que un grupo iba a apedrear a una mujer, a quien ellos habían encontrado en la cama con otro hombre, -probablemente amigo de ellos-, retaron a Jesús a aprobar ese castigo. Lo estaban poniendo entre la espada y la pared. Sabían que tenían a Jesús en una encrucijada. Si Él se apiadaba de la mujer entonces sería un débil y se convertiría en enemigo de la ley. Por otro lado, si Jesús la apedreaba, entonces se perdería su trato respetuoso hacia la mujer y su enseñanza acerca del perdón y la misericordia. Jesús respondió diciendo que aquella persona que jamás hubiera cometido un pecado arrojara la primera piedra. Probablemente fueron las palabras de Jesús, pero también su presencia, lo que impactó tanto a ese grupo de hombres. Comenzaron a alejarse uno por uno. Jesús volteó hacia la mujer y perdonó su pecado como sólo Dios podía hacerlo.

El Mesías de los judíos violó las leyes machistas de aquellos días, en los cuatro Evangelios, cada vez que se encontraba con una mujer.

Tiene sentido que hayan sido las mujeres quienes más amaron a Jesús y quienes permanecieron junto a la cruz mientras la mayoría de los discípulos hombres huía por sus vidas. Y fue a las mujeres a quienes Jesús se apareció primero después de haber resucitado. Esto es extraordinario. A pesar de que las mujeres tenían tan poca importancia en esa cultura y nada de autoridad religiosa como portavoces, Jesús les dio la tarea de informar acerca de su resurrección.

¿Cómo hubiera tratado Jesús a las personas transgénero de haber existido abiertamente en su época?

Me atrevo a afirmar que les hubiera dado el mismo trato que dio a las mujeres. Las mujeres eran entonces ciudadanas de segunda categoría como lo son los transgénero ahora. O quizás la pregunta correcta sería: ¿Qué trato les daría Jesucristo a las personas transgénero hoy, de estar El físicamente entre nosotros en el siglo XXI? Creo que el mismo trato humano, digno, respetuoso y liberador que brindó a las mujeres hace más de 2,000 años. Sin juzgar, sin condenar…sólo amar….

HD

la red
VIVO

DivinasGroup

#LaValentíaDeAlessiaMV

GENTILEZA IMÁGENES: REVISTA "QUÉ PASA"

Acabo de ver el vídeo que mi hija Alessia presenta en su nuevo canal de Youtube dando cuenta de su cambio y de lo que supuso, de los temores que tuvo que enfrentar y de los pasos que ha dado -en firme- en pro de su libertad y felicidad... y he llorado.

Siempre quise tener una hija... ¿por qué aún me cuesta tanto aceptarla? Le he abierto los brazos en varias ocasiones, le he dicho que la quiero y que me siento orgullosa de ella...Sin embargo, en el fondo de mi corazón entiendo que mi proceso recién empieza y que tendré que dejar de racionalizar lo que como familia estamos viviendo para "sentir"- desde esa emoción recóndita que traspasa el alma- el mismo amor filial que sentí por el hijo varón que parí un 4 de julio de 1981 o inclusive uno mayor...sí, un amor más fuerte y sólido.... porque ahora hablaremos el mismo lenguaje femenino, el de los corazones abiertos, el de la espontaneidad y la sinceridad, el de la vulnerabilidad que nada teme porque cuando se ama el miedo desaparece.

Y ahora Ale no tendrá razón para mantener distancia de su madre, dejará de ser rebelde y llevarme la contraria para aprender a ser mi amiga...y hasta tal vez desee -por primera vez en su vida- hacerme feliz, que fue algo que Alejandro no experimentó y que Alessia logrará, estoy segura, desde la bondad y la ternura.

¡Yo sí quiero tu felicidad, hija mía! Por eso escribo este libro sin importar quién reaccione en contra y cuánto me cueste desde la perspectiva de mi carrera profesional y mi rol de líder cristiana. Escribo para -más allá de las palabras- demostrarte cuánto te amo.

TELE RADIO #TT13MOVIL

ALESSIA INJOQUE
MUJER TRANSGÉNERO

09:44

f teletrece | 🐦 @t13 | 📷 www.t13.cl

LT
LA TERCERA

ALESSIA INJOQUE
Activista trans y vocera de diversidad del Partido Liberal

Crónicas de una infiltrada VIII: Mi madre conservadora

Las creencias de nuestros padres nos marcan desde pequeños. ¿Podemos cambiarlas? En una nueva edición de "Crónicas de una Infiltrada", Alessia Injoque cuenta de su relación con su madre, la conservadora.

Por Alessia Injoque / 13.08.2018

http://www.eldesconcierto.cl/2018/08/13/cronicas-de-una-infiltrada-viii-mi-madre-conservadora/

Mientras crecemos, nada marca tanto nuestra vida como nuestros padres. Paso a paso vamos aprendiendo de ellos, y a través de lo que nos enseñan comenzamos a ver a la sociedad y al mundo.

Algunos recuerdos de niñez son borrosos en hechos, pero claros en emociones. Entre los 4 y 5 años **me ponía la ropa de mi mamá y me maquillaba.** Temía que me descubrieran y sentí vergüenza cuando, finalmente, sucedió. ¿Con qué ojos me habrán mirado? ¿habré sabido que estaba rompiendo una regla? Ese día me acompañó a través de los años, sin embargo, mi mamá no lo recuerda.

Mi madre es, sin duda alguna, una mujer peculiar que dio estructura a su vida y sus creencias en torno a Dios y la religión. Entiende al mundo a través de las sagradas escrituras y, como podrán imaginar, eso nos fue enseñando a mí y a mis hermanos desde pequeños: el niño Jesús, la Virgen María, el Ángel de la guarda y su dulce compañía, el Espíritu Santo y Dios estaban presentes en mañanas, almuerzos y noches. Ella es extrovertida, habla hasta por los codos, alegre, dueña de una risa única que contagia, mojigata como pocas, entusiasta promotora de la virginidad hasta el matrimonio, enemiga del "libertinaje", defensora del matrimonio "tradicional" para toda la vida y de los roles de género "como Dios los creó".

¿Qué hace una madre así cuando su hijo mayor le cuenta que es una mujer transgénero?

Nuestra relación siempre fue distante y mi rebeldía una constante. Mientras crecí hice lo posible por darle la contra y ocultar aquellos logros que pudieran hacerla feliz. No supo de mis pololas, fue lejana para mis amigos, no le pedí ayuda con las tareas, ni busqué sus aplausos en competencias. No la quise orgullosa, porque ese orgullo habría sido falso ¿lo habría sentido sabiendo lo que escondía?

Le conté sobre mí, sin expectativas pero con esperanza, escribí una carta porque esa niña que nunca pude ser necesitaba cerrar heridas y albergaba el anhelo de ser querida. Le conté de aquel Año Nuevo en que me desplomé en llanto; sabiendo que no podría entenderme, pero con alguna ilusión de que pudiera sentirme.

Pero no me sintió.

Hija de la cultura en la que creció, **mi madre sintió vergüenza**, como si hubiera hecho algo malo por tener una hija trans. Me preguntó si fui violada; me pidió que viva mi identidad "discretamente" y no como los "mariquitas" que coquetean con hombres casados en la calle; opinó mucho, pero nunca me preguntó cómo estaba.

Mientras transitaba me preparé para recibir ataques y descalificaciones, conocía los prejuicios porque crecí sumergida en ellos. Respiré hondo y, tapando el dolor, le respondí con calma.

A medida que redactaba y argumentaba iba dejando un poco de mí en esos correos. Pensaba en todas esas niñas a quienes sus madres aman por ser quienes son y me preguntaba qué sentirán, mientras le explicaba a mi madre que no me exhibía, sólo quería vivir sin esconderme, como todos. Imaginaba el orgullo que muchas madres sienten por sus hijas mientras trataba que comprenda que mi tránsito era sobre mí, no sobre qué pensaran de ella; me venían a la mente todas las madres que se ven en sus hijas y esa imagen se borraba, porque yo, resultaba tan distante, que sólo un daño profundo como una violación podía explicarle quién soy.

Las personas tenemos ideas, también hay veces en que las ideas nos tienen a nosotros. Aquellas creencias que acompañaron a mi madre desde su infancia se habían vuelto parte de su identidad, la iglesia, su comunidad y hallaba seguridad en la idea de un Dios que muestra el camino a seguir, acompaña en los momentos difíciles y da orden a las cosas. Un orden en el que yo no entraba.

En marzo del 2017 vino de visita para despedirse de Alejandro, y se despidió. Transcurrieron cuatro días propios de otros tiempos, sin conversaciones profundas, ni momentos de cercanía. No sé qué ideas habrán cruzado por su cabeza, ni qué angustias atravesado su alma. Tal vez eso necesitaba para despedirse, que las cosas fueran, por una última vez, como siempre.

El día en que salí del closet en el trabajo también le conté al resto de mi familia y amigos por correo y redes sociales; ese día mi madre me felicitó, y le pidió disculpas a mi familia explicando lo difícil que fue todo esto… para ella.

Los prejuicios, en especial cuando se refuerzan en dogmas, nos alejan de quienes no encajen en ellos y nos impide sentirlos. Ella libraba una batalla interna entre sus identidades de cristiana y madre, conmigo en la línea de fuego.

Pasaron meses antes de que volviera a verla. Conté mi historia al mundo y, sin planearlo, fui dando respuesta a las preguntas que ella no se atrevía a hacerme, ni yo a contar. Tal vez pudo ver el brillo de mis ojos cuando compartía mis alegrías y sentirme cuando contaba mis penas; tal vez pudo comenzar a entenderme y mirarme diferente.

La fui a visitar esta Navidad y las cosas transcurrieron con calma. Por primera vez, mi madre vio a Alessia, pudimos

mirarnos a los ojos y conversar. Esa noche me confesó que, tal vez, Dios le estaba enseñando a través de mí que la forma en que miraba la diversidad sexual estaba mal. Nos despedimos con un abrazo.

La cultura en la que crecimos nos condiciona y muchas veces nos define. Somos inamovibles ante cualquier dedo acusador y volvemos a la razón una esclava de nuestras creencias; es sólo al mirarnos a los ojos con empatía, que podemos romper las cadenas y cambiar.

Hace poco mi mamá me mandó un mensaje:

"¡Me doy cuenta de lo VALIENTE que eres y LO ORGULLOSA QUE ESTOY DE TI! ¡Te quiero mucho!"

Y con mi corazón lleno de alegría pude cerrar este capítulo.

ANEXO I

OTROS ARTÍCULOS DE ALESSIA INJOQUE

Mi identidad natural Trans

Escribe Alessia Injoque
Santiago de Chile, 10 enero, 2018

http://www.elmostrador.cl/braga/2018/01/10/mi-identidad-natural-trans-y-por-que-no-soy-una-persona-enferma/

¿Quién soy yo? Es una pregunta que para muchos es sólo filosófica, pero para personas trans implica cuestionarse lo cotidiano desde temprana edad y ver al mundo con otros ojos.

Para la mayoría cuando crece todo se ve simple y en línea recta. De pequeños nos definen un nombre, se asume un género y se empiezan a generar expectativas sobre nosotros; al mismo tiempo vamos observando el mundo, nos comparamos con los demás y todo calza. Para la mayoría esto es "sentido común", lo que se espera de ellos nunca les generó conflicto, lo confirman al observar a sus pares y siguen su camino sin preguntarse ¿es eso lo que experimentan todos mientras crecen? Ante no conocer otras realidades simplemente asumen que sí.

¿Por qué nos cuesta tanto como sociedad entender que no todos somos iguales? La forma en que absorbemos información y clasificamos para formar nuestro mapa conceptual del mundo, sentirnos parte, vernos en los demás, son cosas que refuerzan esa sensación de uniformidad y mientras vamos definiendo quienes somos al mismo tiempo es muy común que esa necesidad de definirnos vaya junto con rechazo a lo que no somos, a esas personas que por ser diferentes en nuestro desconocimiento nos generan desconfianza, no encajan en el grupo ¿Por qué hacen eso que yo no haría? ¿Qué problema tienen que los hace sentir eso que yo no siento? Y se instala el juicio categórico e invalidante "no es normal". Es desde ese sesgo, ese prejuicio y generalmente una simple reacción emocional racionalizada que se invalidan proyectos de vida de terceros.

Hay quienes creen que existe un único camino a la felicidad, una única forma de vivir la vida, es siempre la suya y a partir de esa suposición definen que los proyectos de vida que no validan deberían tener un trato diferenciado, no tener reconocimiento o estar prohibidos ¿por qué no son capaces de entender que su posición es circunstancial? ¿por qué no son capaces de entender el impacto negativo en la sociedad de cada proyecto de vida que frustran? Como humanos ansiamos libertad, ansiamos explorar lo inexplorado, conocer gente y ampliar nuestros horizontes pero al mismo tiempo necesitamos cierto orden, algunos lo necesitan más y es esa necesidad que hace que su visión particular y sus miedos –ya sea que los proyecten en un Dios, la naturaleza o el sentido común– transforman en algo negativo cualquier diferencia que desafíe los paradigmas con los que estructuran su mundo.

Así pues, las personas trans desafiamos uno de los paradigmas más antiguos, la relación rígida de nuestra identidad como hombres o mujeres y los genitales, que todavía para muchos determinan roles sociales rígidos y un orden que de ser desafiado terminaría en una consecución de pendientes resbaladizas donde eventualmente llegamos a la destrucción de la familia, la corrupción de los niños y el fin de la sociedad como la conocemos.

Pero lo que no llegan a entender es que la humanidad cada vez que avanza es rompiendo paradigmas y definiendo nuevos. Así alguna vez la diferencia entre ser noble o del pueblo era de origen divino y limitaba de forma rígida los proyectos de vida, la división entre razas fue una barrera infranqueable donde blancos y negros debían vivir segregados, también lo fue la diferencia entre mujeres y hombres donde el lugar de las primeras era el hogar y de ellos el mundo. Nos olvidamos fácilmente de cómo fallaron las predicciones apocalípticas de esa época y fallamos al darnos cuenta que el discurso y el error son los mismos que se cometen en los discursos contra la diversidad.

Hoy el impacto de la inclusión trans se ve pequeño respecto

a estos logros pero no hay que minimizarlo; en cada paso que damos derribando barreras imaginarias que nos separan avanzamos, porque reconocer las identidades trans no se trata sólo de este grupo específico, sino de esta concepción antigua que tanto ha inspirado a pensadores que creen en la democracia, la idea de que una sociedad donde todos tenemos posibilidad de desarrollar nuestros proyectos de vida en libertad es un mejor lugar para vivir, no sólo para las personas trans, sino para todos.

Los niños primero, ¿pero y si son Trans?

Corresponde que reconozcamos que la realidad es compleja y que no es una solución que el Estado aplique reglas generales por edad, cuando lo que debería hacerse es incluir niños, niñas y adolescentes en la Ley de Identidad de Género para darle herramientas a ellos y sus familias para enfrentar su situación particular.

Por Alessia Injoque / 21.03.2018

http://www.eldesconcierto.cl/2018/03/21/los-ninos-primero-pero-y-si-son-trans/

La discusión de la Ley de Identidad de Género ha sido difícil, marcada por resistencia al cambio donde debería haber empatía. Pero entre todas las discusiones, roces y caricaturas sobre la diversidad sexual nada genera mayor resistencia al cambio que cuando se habla de los niños trans.

Entiendo la complejidad de la discusión y los miedos que genera, todos los adultos tenemos el instinto de proteger a los niños, y es en ese intento que muchos adultos intentan aplicar las recetas que usaron sus padres con ellos o ellos con sus hijos para niños trans, sin entender que así no funciona, que los niños son individuos y que una única receta no es replicable para todas las situaciones.

Para los padres que enfrentan esta realidad la primera reacción es la negación: es una "etapa", están confundidos. Recién cuando se dan cuenta que esta "etapa" no pasa es que se comienzan a enfrentar con la forma en que se relacionan sus hijos con el género, con la identidad que van mostrando y cómo de ser apagados, distantes y tristes pasan a llenarse de alegría y brillan cuando les dejan expresarse libremente. Es duro para un padre darse cuenta de que su hijo es trans, pero por el bien de sus hijos es que se atreven a enfrentar esta realidad para la que no están preparados.

El camino es difícil, los padres de un niño trans tienen que enfrentar junto con ellos el miedo al rechazo y protegiéndolos salir también del closet con sus amigos, explicar en el colegio y armar una red de protección alrededor suyo, una red que es sumamente frágil en una sociedad que no los comprende y con un Estado que les dificulta el camino.

Y es ahí donde padres llenos de amor se preguntan: ¿cómo protejo a mi hijo? Hoy la respuesta de muchos es que tienen que esperar hasta los 18 años, como si esa espera fuera posible, no tuviera un efecto en los niños, en su desarrollo y en sus familias; porque a falta de reconocimiento de la identidad de los niños esta red de protección se desmorona en momentos dolorosos en que algún adulto, tras ver sus documentos, se atreve a responderle a esa frágil niña trans "pero si es un niño" o incluso una lectura sin mala intención de su nombre legal en voz alta puede ser doloroso, porque duele que en una edad en la que estás aprendiendo quién eres y necesitas reconocimiento la sociedad te lo niegue.

Y así conforme la edad va avanzando, los miedos aumentan y en la cúspide de la inseguridad de la adolescencia alguien trans debe sumar la preocupación de que alguien se dé cuenta de que aquel nombre que figura en su Tarjeta Nacional de Estudiante no es el suyo. Me tocó conocer a un chico trans al que después del bullying, el llanto, la soledad, la desesperanza y un intento de suicidio, al internarlo en el hospital no quisieron aceptar su nombre para el brazalete y pusieron el que figura en su documento de identidad. ¿Se imaginan cómo se sintió? ¿Se imaginan cómo se sintieron sus padres al observar el dolor de su hijo mientras se peleaban en el hospital para que respeten su identidad en el brazalete?

Ante esta realidad, ¿qué hacemos? Creo que lo único que se puede hacer es reconocer que son los padres quienes tienen mejor capacidad para buscar la forma de apoyar a sus hijos trans, no el Estado, pero para muchos que se oponen si un padre decide apoyar a su hijo trans, de pronto este Estado que en su discurso es inepto, burocrático e incapaz de resolver los problemas de la infancia, pasa a ser el principal responsable de resguardar el bienestar del niño por sobre los padres amorosos que lo cuidan día a día.

¿Y qué argumento usan para justificar semejante contradicción?

En lo que se sostienen es que hay un puñado de estudios según los cuales la mayoría de los niños desisten de transitar antes de los 13 años. El problema es que la lectura que hacen de esos estudios es sesgada cayendo en simplificaciones que llegan a ser absurdas mientras omiten información que permitirían concluir en sentido opuesto, porque cualquiera que los lea con seriedad debería concluir rápidamente que nadie está forzando a ningún niño a ser trans (sino no desistirían tantos) y que a partir de los 13 años ya se debería permitir a adolescentes adecuar su identidad con libertad.

Pero el punto más importante se refiere a la metodología de los estudios que son muy cuestionadas por los profesionales del área que consideran que se habría mezclado niños transgénero (fuerte identificación con su género y rechazo al asignado) con género no conforme (tienen actitudes de ambos géneros, no presentan rechazo por el asignado) y asimismo no diferencian los grados de rechazo al género asignado, cuando ya hoy se ha podido establecer que la intensidad de este rechazo es un buen predictor de una identidad trans. Es decir, estos estudios no son base sólida para excluir a los niños de la Ley de Identidad de Género, por el contrario, son evidencia sólida para incluir a adolescentes desde los 13 años.

Lo que recomiendan los profesionales con experiencia respecto a los niños trans es que no se los empuje ni en uno ni en otro sentido, sino que los dejen expresarse, jugar y ser con libertad mientras van descubriendo quiénes son, pero lo principal que te va a decir cualquier profesional es que cada caso es único y que no se pueden ni se deben aplicar reglas generales, lo que sonando tan obvio y razonable lleva a preguntarse. ¿Por qué nos cuesta tanto entender la individualidad de los niños y adolescentes?

Corresponde que reconozcamos que la realidad es compleja y que no es una solución que el Estado aplique reglas generales por edad, cuando lo que debería hacerse es incluir niños, niñas y adolescentes en la Ley de Identidad de Género para darle herramientas a ellos y sus familias para enfrentar su situación particular.

Nelson Mandela alguna vez dijo: "no puede haber una revelación más intensa del alma de una sociedad, que la forma en que trata a sus niños". ¿Qué dice eso de una sociedad donde todavía muchos creen que, negando su existencia y dándoles la espalda, los niños trans dejan de existir?

Ciencia sin ideología: identidad de género y evidencia sin posverdad

Escribe Alessia Injoque
Santiago de Chile, 2 abril, 2018

http://www.elmostrador.cl/braga/2018/04/02/ciencia-sin-ideologia-identidad-de-genero-y-evidencia-sin-posverdad/

Desde inicios de la historia de la humanidad hemos estado en una incansable búsqueda de entender las cosas, la naturaleza y nuestra existencia. En esta búsqueda hemos intentado llegar a respuestas con diferentes herramientas y probablemente la más exitosa en su campo ha sido la ciencia.

La ciencia es la forma de conocimiento más efectiva y objetiva que tenemos, nos ha permitido generar la mayor diferencia en nuestra calidad de vida y se diferencia de otros tipos de conocimiento importantes como la filosofía por su capacidad de ser falsable y replicable. Cuando hablamos de ciencia no se trata simplemente de opiniones y ya nadie pone en duda la importancia de la ciencia, hasta el punto en que los creacionistas tienen que hacer piruetas de posverdad para tratar de explicar una diferencia inexistente entre lo que sería la ciencia histórica y ciencia experimental, todo por no decir que son anti-ciencia, que hoy es sinónimo de ser anti-verdad.

En la discusión sobre identidad de género hay una peculiar paradoja, las posiciones más lejanas de la ciencia han posicionado sus discursos como si tuvieran respaldo de esta, hacen referencias sesgadas o completamente carentes de comprensión del tema y pretendiendo que tienen un respaldo en evidencia nos acusan con posverdad de tener una posición ideológica y llenan las redes sociales de caricaturas. Por otro lado, en la posición que reconoce la diversidad –la que tiene respaldo en la ciencia– muchas veces nos enfocamos más en la opresión y el construccionismo social dejando sin responder a quienes, sin tener ningún respaldo científico, han logrado posicionar sus slogans vacíos como si lo tuvieran.

El primer espacio donde muestran enorme ignorancia quienes pregonan la "biología sin ideología" es en el funcionamiento de la biología y la selección natural ¿cómo se genera la variación genética y las nuevas especies? Lo que hace la naturaleza desde que es naturaleza es generar diversidad y a partir de esta diversidad es que se van generando las variaciones genéticas que diferencian las nuevas generaciones y que -con separación geográfica en periodos extendidos de tiempo- irían creando nuevas especies. Dentro de esa generación de diversidad tenemos que el sexo biológico no es una realidad binaria y esto va desde algunas especies como el pez payaso que pueden cambiar de sexo hasta el caso de los humanos donde se estima que hay al menos 1/2000 personas intersex (1), que es el término para quienes nacen con características de los dos sexos.

Sí, tengo completamente claro que si mi interés fuera la reproducción tendría que aparearme con una hembra de mi especie pero ¿entenderán los conservadores que quienes hablamos de identidad de género no estamos discutiendo sobre sexo sino de identidad? Y es al dar este paso que los conservadores se olvidan que nuestro cerebro también es natural, biológico y otro espacio de estudio para la ciencia.

¿Qué es lo que hace que algunos niños desde el momento que pueden hablar se identifiquen con el género opuesto en una sociedad que refuerza roles rígidos y castiga a quien se sale de éstos? ¿Qué es lo que me llevó a mí a que después de 34 años de intentar vivir en el género que me asignaron no lograra ser feliz hasta que acepté que soy trans y pude vivir como mujer?

Estudios en animales han mostrado que los genitales y el cerebro adquieren características masculinas y femeninas según la exposición a hormonas en diferentes etapas del embarazo y en un estudio (2) se logró que ratones hembra se comportaran como machos modificando un órgano sensorial que detecta feromonas, también estudios en humanos han mostrado que el diferentes regiones el cerebro trans se asemeja más al cerebro del género con el que se identifican que con el de su sexo biológico (3).

Luego saliendo de lo directamente biológico y pasando a analizar comportamiento ¿se pueden sacar conclusiones? Por supuesto que sí. Es cierto que la subjetividad de un individuo y sus sentimientos respecto a su identidad no es evidencia de nada, pero para cualquiera con algo de conocimiento científico resulta evidente que encontrar características comunes entre personas desconocidas en diferentes contextos culturales y repartidas alrededor del planeta no es una coincidencia, sino evidencia consistente y estudiable.

Hoy las principales referencias mundiales en psicología y psiquiatría reconocen la identidad de género como otra característica de la diversidad humana (4) y desde la quinta versión del manual de diagnóstico de trastornos mentales se eliminó el trastorno de identidad de género y se incorporó la disforia de género (5) (disforia es antónimo de euforia). Esta diferencia es importante, porque la disforia de género se define como la sensación de malestar que siente una persona al vivir en un género que no siente propio y por lo mismo –a diferencia de lo que entendió el presidente Piñera– una persona trans como yo, que vive su identidad de forma libre e integrada a la sociedad, no experimenta disforia de género. En este punto cabe resaltar que se sigue cuestionando la clasificación, porque es extraño clasificar como trastorno a algo cuyo tratamiento sería "sé tú mismo".

En lo que refiere a las investigaciones de psicología y psiquiatría me quiero enfocar a las que están en la polémica de los niños trans, porque se repite el slogan de los "arrepentidos" con números exagerados, lecturas sesgadas y una enorme ignorancia alrededor del tema que se quiere plasmar en leyes.

La primera crítica que reciben estos estudios es la selección de muestra, algo que quien sabe de ciencia entiende es indispensable para poder evaluar los resultados, y tienen en común que no distinguen adecuadamente entre niños género no conforme (tienen actitudes de ambos géneros y no rechazan ninguno) y los trans (fuerte identificación con su género y rechazo al asignado), tampoco consideran que la intensidad del rechazo y los síntomas como depresión, ansiedad y aislamiento son indicadores muy relevantes en la evaluación (6).

Luego están las conclusiones de los estudios que no se alinean con el discurso conservador y se omiten, porque la evidencia obtenida de estos indica que los jóvenes que desisten lo hacen antes de los 13 años (7) y que la evaluación es seria, no se actúa impulsivamente ni se presionan a niños que no son trans para transitar, sino no se hablaría de todos estos "arrepentidos", que son un grupo que no recibió hormonas ni fue operado de nada.

Pero lo principal es que los profesionales con experiencia recomiendan–mientras se sigue aprendiendo e investigando– es que se evalúe cada caso de forma individual y en ningún caso consideran como recomendación postergar la transición de todos los niños, niñas y adolescentes porque si son trans negar la su identidad genera depresión, ansiedad, aislamiento y si se sigue puede llegarse a daño autoinfligido e intentos de suicidio. Entonces ¿es razonable postergar hasta los 18 años, como si por negarlos dejaran de existir? No.

Más aún lo razonable se vuelve tomar acción con la asesoría necesaria. Se sabe que la probabilidad de que alguien trans se intente suicidar supera el 50% y la Academia Americana de Pediatría publicó un estudio (8) que concluye que los intentos de suicidio y demás problemas de salud mental se reducen a niveles del resto de la población en casos en que los niños, niñas y adolescentes trans son aceptados en su identidad por su familia y entorno.

Finalmente recordemos que en el mundo de la posverdad existen fuentes de realidad alternativa como el AcPeds o New Atlantis, que a pesar de que están ampliamente refutados y carecen de credibilidad siguen siendo la principal fuente de consulta de quienes necesitan negar una realidad que no se adecúa a sus paradigmas. Cuando reciban información verifiquen su validez y sobre todo el consenso científico, porque así como algunos niegan la evolución, las vacunas, el cambio climático y hasta la tierra esférica, hay personas ideologizadas que ponen mucho empeño en negar la diversidad humana, sin entender que la naturaleza y la realidad no tienen el deber de amoldarse a sus miedos.

Entonces, aclarado todo esto, la próxima vez que escuchen negar la identidad de género porque la ciencia todavía no se encuentra el "gen trans" o porque la biología indica que sólo hay dos sexos entiendan que esta persona no sabe nada de ciencia. Pero sobre todo, tomemos en cuenta toda esta evidencia científica y saquemos de una vez una ley de identidad de género que incluya niños, niñas, adolescentes y adultos.

(1) http://www.isna.org/faq/frequency

(2) http://www.hhmi.org/news/disabling-sensory-organ-prompts-female-mice-act-male-mice

(3) https://www.the-scientist.com/?articles.view/articleNo/51914/title/Are-the-Brains-of-Transgender-People-Different-from-Those-of-Cisgender-People-/

(4) http://www.apa.org/topics/lgbt/transgender.aspx

(5) https://www.psychiatry.org/patients-families/gender-dysphoria/what-is-gender-dysphoria

(6) https://www.sciencedirect.com/science/article/pii/S0890856713001871

(7) Principles of Transgender Medicine and Surgery pg 184, Randi Ettner, Stan Monstrey, Eli Coleman 2016

https://books.google.cl/books?id=LwszDAAAQBAJ&lpg=PA184&ots=cwnTkMgOeD&dq=trans%20desistance%20between%2010%20and%2013%20years%20old&hl=es&pg=PA184#v=onepage&q=trans%20desistance%20between%2010%20and%2013%20years%20old&f=false

(8) http://pediatrics.aappublications.org/content/early/2016/02/24/peds.2015-3223

Inclusión laboral LGBTI

Escribe Alessia Injoque
Santiago de Chile, 4 de mayo de 2018

http://www.elmostrador.cl/noticias/2018/05/04/inclusion-laboral-lgbti/

Hace 10 meses que salí del closet en el trabajo en el día más increíble de mi vida. Desde entonces todo ha sido muy rápido, pero en el camino pasé de ser un tipo tímido que le temía al público y la exposición a ser alguien que opina, habla en medios, en público y va por la vida con la frente en alto y sin miedo.

Y es cuando las cosas cambian que puedes mirar para atrás y entender un poco.

Yo siempre fui una persona distante, me relacionaba con la gente en base a actividades comunes y sostenía mi autoestima en base a logros ¿por qué era así? aunque no era capaz de verlo era obvio: cuando niegas quién eres tienes que armar una barrera, no puedes compartir por miedo a que te descubran, no puedes mostrarte vulnerable y es difícil conectarte con los demás ¿cómo te conectas con los demás sin conectarte antes contigo? Cuando algún amigo se acercaba y me contaba algo personal yo no podía compartir ningún sentimiento propio, mantenía la distancia para protegerme.

Hace poco me preguntaron qué es lo más importante que gané transitando y sin duda es autoestima. Durante 35 años mentí y me mentí respecto a quién era para ser aceptada, por miedo al rechazo; y para no ser rechazada por el resto me rechacé a mí misma ¿entienden lo que significa? Significa que reconocí que yo no era una persona aceptable, digna de cariño, digna de reconocimiento, entonces tenía que ocultarme y cargar con eso. Llevé esta carga sin reflexionar al respecto y al tomar conciencia fue durísimo, después de una vida de sentir que no era alguien aceptable, me desplomé en llanto.

Estos son los closets en los que vivimos. Es verdad que nos protegen, pero también nos destruyen, nos aíslan y cuando miro hacia atrás, ese closet me dolía más que cualquier insulto, porque estar ahí metida era aceptar todos los insultos, enterrar todos mis sueños. Al mismo tiempo, mientras enfrentaba mis miedos y transitaba, me daba cuenta de que podía pelearme con algunos familiares y seguir adelante, perder a algunos amigos, pero si perdía el trabajo era algo de lo que no sabía si iba a poder recuperarme.

Por un lado, obviamente están las importantísimas lucas ¿cómo pago mis cuentas y mi hipoteca? desestabilizan tanto que pueden destruir una relación de pareja, sin duda destruye tu autoestima y te llena de impotencia. Y es por eso que el trabajo suele ser el último closet, nos repetimos que es un lugar de menor importancia donde vamos por dinero y después nos vamos a la casa a seguir nuestras vidas, pero la verdad es que pasamos muchas horas en el trabajo, nos relacionamos y conectamos con gente; todos los lunes mis amigos hablaban sobre lo que hicieron el fin de semana, donde fueron con sus hijos, con sus parejas y yo estaba pasando por los eventos más increíbles de mi vida… pero no los podía compartir.

Ser uno mismo, ser libre, no se trata de una ideología, no es un movimiento, es un tema de salud emocional y autoestima; somos más felices cuando somos libres de ser y amar, nos conectamos mejor con los demás cuando no tenemos miedo a ser juzgados por ser diferentes y es ahí donde las empresas y el estado tienen herramientas para cambiar las cosas, creando entornos inclusivos en los trabajos –como ocurrió en mi caso– pueden ayudarnos a salir de estos closets que tanto daño nos hacen. Nos vamos a conectar mejor, vamos a ser más felices, vamos a aumentar la productividad y vamos a estar más comprometidos con la empresa.

Lo que quiero que se lleven de esta breve columna es lo que hoy siento cada día por ser yo misma, quiero que sepan la inclusión laboral nos cambia el mundo y que más personas de la diversidad puedan sentir la libertad que sentí ese día en que salí de mi último closet.

Porque la inclusión laboral cambia vidas, como la mía.

La tribu del miedo

Escribe Alessia Injoque
Santiago de Chile, 24 enero, 2018

http://www.elmostrador.cl/braga/2018/01/24/la-tribu-del-miedo/

Como humanidad hemos avanzado mucho, la ciencia nos ha llevado a lugares insospechados, estamos más conectados que nunca, tenemos toda la información del mundo literalmente en la palma de nuestras manos, pero algo no ha cambiado: le tenemos miedo a lo desconocido.

Hace varios siglos, antes de pensar en ciencia, contábamos historias terribles sobre lobos y otras criaturas que habitaban más allá del pueblo en la oscuridad del bosque, para reforzar la tribu como espacio donde hallábamos seguridad, predictibilidad y estabilidad, o al menos la ilusión de estos.

Mirando atrás podríamos sentir que hemos avanzado como humanidad, sin embargo estos comportamientos se resisten a desaparecer: ansiamos predictibilidad con tanta fuerza que preferimos creer en el tarot o la astrología antes que aceptar que el futuro es impredecible y seguimos contando historias de lobos para que la sociedad se mantenga quieta donde nos sentimos seguros.

Con los cambios sociales nos ocurre lo mismo.

Tiempo atrás, mujeres empoderadas y decididas reclamaron por la igualdad de derechos y votar como los hombres ¿qué ocurrió? Un sector de la población reaccionó inmediatamente a esa idea con rechazo: era peligroso cambiar el sistema, decían que desestabilizaría las bases de la sociedad que, según los paradigmas de la época, se sostenía en que el lugar de la mujer estaba en la casa y el del hombre en el resto del mundo ¿qué pasaría si la mujer votaba? Luego querrían trabajar, abandonarían a los niños –siempre los niños– y quién sabe a dónde iría a parar la sociedad.

Hoy se repite la historia.

Crecimos con una definición de familia compuesta por un padre, una madre y los niños, sabemos cómo funciona y nos da tranquilidad ¿qué pasa cuando reconocemos que hay otros tipos de familia? Hay un grupo para quienes desafiar ese concepto que les da estabilidad –la familia tradicional– es aventurarse a lo desconocido y los paraliza, la existencia de otros tipos de familia es un ataque a su familia, ven efectos devastadores en la sociedad y que los más afectados –aunque nadie sepa cómo– van a ser los niños.

Y así llegamos a la discusión de la ley de identidad de género y a uno de los paradigmas más antiguos de nuestra cultura, que nuestra identidad como hombres o mujeres se asocia a la genitalidad y además viene acompañada de roles sociales rígidos. Las personas trans desafiamos esos conceptos evidenciando lo que ya sabía la ciencia, que nuestra identidad está en nuestros cerebros ¿Qué pasa si alguien como yo con biología masculina es reconocida legalmente como mujer? Y nuevamente aparece ese grupo, atacamos la estabilidad de sus paradigmas y como se sienten atacados tienen que encontrar un atacante, y es así que en esta oportunidad el agresor –el lobo– es la "ideología de género", nuestra identidad no es válida porque –aunque la ciencia opine lo contrario– no somos naturales, nuestras vivencias no son legítimas, vamos a desestabilizar las bases de la sociedad y por supuesto esto también es un ataque a su libertad de tener una educación diferente para sus hijos –otra vez los niños–.

Y así funciona el libro de cuentos de la tribu del miedo, se renuevan los personajes pero la trama es siempre la misma, siempre hay un lobo y siempre viene por los niños. Así cuando se trata de diversidad no importa la razón ni la ciencia, porque su único mantra es que lo desconocido es malo y es mejor asumir que la sociedad es víctima de una conspiración, las familias están bajo ataque y que –a falta de un lobo– la ciencia es manipulada por "el lobby", antes que mirarse al espejo y enfrentar que viven un mundo que no está hecho a la medida de sus creencias.

No dejemos que el miedo dirija nuestras vidas, integrar la diversidad ya no es un salto a lo desconocido y se puede constatar en sociedades que ya tienen ley de identidad de género y matrimonio igualitario que no hay nada que temer, el impacto positivo a la diversidad no tuvo ningún impacto negativo en el resto de la población –no hay ningún lobo acechando en el bosque–, dieron un paso adelante como sociedades y la vida sigue.

ANEXO II: BIOGRAFÍAS

ALESSIA INJOQUE

Activista transgénero y lesbiana que luego de vivir 35 años escondida en un rol masculino, superó sus miedos y se convirtió en **la primera mujer trans en transitar en un cargo de liderazgo en Chile**. Se hizo conocida por ser portada de la revista Qué Pasa en julio del 2017 y luego de eso se ha mantenido activa en medios trabajando por los derechos de la diversidad sexual. Hoy es columnista en El Mostrador, El Desconcierto y Clever, vocera en diversidad del partido liberal y sigue trabajando como ejecutiva en el sector privado.

Recientemente ha concedido entrevistas a numerosos medios de prensa:

CNN Chile
TeleTrece Radio y TV
La Tercera TV
Diario La Cuarta
Radio Cooperativa
Radio Injuv. FM
Radio Universo
Revista Qué Pasa - Portada (fin de año)
Canal Chilevisión
Radio Sonar
Radio Infinita
Radio ADN
Diario Clever
Canal MEGA,
Revista NOS
entre otros.

  @Alessia.Injoque  @Ale.Injoque

Su primer libro "Crónicas de una Infiltrada" fue publicado a fines de octubre del 2018.

Por la editorial Ocho Libros, que lo presenta con las siguientes palabras:

"Alessia Injoque, activista transgénero y lesbiana, primera mujer chilena en transitar en un cargo de liderazgo, parte del directorio de Fundación Iguales, columnista de El Desconcierto, El Mostrador y Clever, vocera de diversidad del Partido Liberal, consejera de La Casa Común, nos presenta estas autobiográficas - testimoniales "Crónicas de una infiltrada", que fueron originalmente publicadas, a lo largo de un año, en el periódico digital El Desconcierto.

Los textos que conforman este libro, muestran su alma desnuda, el testimonio de una persona, que encontró la valentía en el momento de su vida en que más la necesitaba, que se ha transformado en un referente para la comunidad Trans chilena e inspira a otros que viven escondidos, para dar un paso adelante; que nos muestra los rincones más íntimos de su interior, esos que habitualmente se ocultan a los extraños.

Su objetivo: aportar a la construcción de una sociedad donde sea posible desarrollar nuestros proyectos de vida en plena libertad, en palabras de la misma Alessia "una sociedad donde cada persona pueda vestirse de todos los colores".

CECILIA ALEGRÍA
La Dra. Amor

La escritora, periodista, consejera de parejas, *love&life coach*, conferencista internacional y conductora de radio y TV Cecilia Alegría destaca en los medios latinos en Estados Unidos dando consejos sobre cómo triunfar en el terreno amoroso y ayudando a miles de parejas a resolver sus problemas.

Actualmente cuenta con su propio programa de TV "La Doctora Amor" que se transmite 2 veces por semana por la cadena internacional Enlace que llega a toda Latinoamérica y se retransmite por su canal de Youtube. Es parte de *Cala Speakers -el equipo de conferencistas del famoso motivador Ismael Cala-*, profesora de los cursos matrimoniales en La Universidad de la Familia con sede en Miami y panelista regular de los Foros Literarios de los Domingos Culturales de la prestigiosa librería *Books&Books* en la misma ciudad. Es invitada regular de varios programas de TV locales y su espacio El Consultorio de La Dra. Amor se transmite por decenas de radioemisoras en español en USA y en varios países de Latinoamérica.

Durante varios años fue La Doctora Amor del sintonizado show matutino "Despierta América" de la cadena Univisión, a nivel nacional y del muy popular "Sábado Gigante" que conducía Don Francisco, llegando a millones de latinoamericanos. Participa con regularidad en programas de la cadena Telemundo tales como Al Rojo Vivo, Acceso Total y Un Nuevo Día. Ha sido entrevistada en varias ocasiones por periodistas y comunicadores de renombre internacional como Ismael Cala, Andrés Oppenheimer, Jaime Bayly y Dante Gebel, entre otros. Es conferencista internacional en temas de su especialidad y tiene otros 9 libros publicados: "Comunicación

Afectiva=Comunicación Afectiva", "120 preguntas y respuestas para ser mejores personas", "Secretos para encontrar pareja en Internet", "No hay amor más grande", "Mucho amor con harto palo", "Amando un Día a la Vez", "Radiografía del Hombre Infiel", "Al rescate de tu comunicación de pareja" y "Sexo Sagrado y Lazos del Alma".

Licenciada en Ciencias de la Comunicación de la Universidad de Lima, cuenta con un postgrado en Psicología y Comunicación de la Universidad Diego Portales de Chile y con una Maestría en Periodismo de la *Florida International University*.

Fue Decana-Fundadora de la Facultad de Ciencias y Tecnologías de la Comunicación de la Universidad San Ignacio de Loyola en Lima, Perú. También se desempeñó como directora de la Oficina de Educación Continua y del Centro de Perfeccionamiento Profesional de la Universidad Ricardo Palma, también en Lima. En Chile tuvo el cargo de Coordinadora Académica de la Carrera de Relaciones Públicas de la Fundación Duoc de la Pontificia Universidad Católica de Chile y ha sido profesora universitaria por más de 2 décadas de asignaturas tales como Teoría de la Comunicación y Psicología de la Comunicación, entre muchas otras.

Para seguirla por las redes sociales y conocerla mejor visita
www.ladoctoraamor.com

ÍNDICE

La presente obra ha sido editada por
Massiel Alvarez
Diseñada por
G2Mstudios

Contacto: bookmasterscorp@gmail.com

48737367R00134

Made in the USA
Columbia, SC
13 January 2019